D0887517

3/14

EJERCITA TU MENTE

DESARROLLA CONCENTRACIÓN Y DISCIPLINA EN TU VIDA

ViViR MEJOR

EJERCITA TU MENTE

DESARROLLA CONCENTRACIÓN Y DISCIPLINA EN TU VIDA

Thomas M. Sterner

Barcelona · México · Bogotá · Buenos Aires · Caracas ·Madrid · Miami · Montevido · Santiago de Chile

Ejercita tu mente,
desarrolla concentración y disciplina en tu vida

Primera edición en México, junio de 2013

D. R.© 2012, Thomas M. Sterner
Primera publicación en Estados Unidos de América
por New World Library
D. R.© 2013, Ediciones B México S. A. de C. V.
Bradley 52, Col. Anzures, 11590, México, D. F.

www.edicionesb.com.mx

ISBN 978-607-480-444-7

Este libro está dedicado al amable espíritu
de mi madre, Margaret Sterner.
Enseñaste tanto, a tantos, con tan pocas palabras.

AGRADECIMIENTOS

Me gustaría agradecer a las personas que hicieron posible este libro.

A mi esposa, Jamie, y a mis dos hijas, Margie y Melissa, les doy las gracias por creer en mí, y por ser pacientes durante el largo proceso que ha sido llegar hasta aquí.

A mi padre, debo darle las gracias por toda una vida de apoyo y amistad más allá de las palabras.

Finalmente, a mi apreciada amiga y editora (quizás esto sea una combinación inusual), Lin Bloom McDowell, gracias por ayudarme a decir lo que quería y necesitaba decir. Los editores son los héroes invisibles que hacen posible la creación de un libro.

INTRODUCCIÓN

La verdadera paz, la verdadera dicha, provienen de darnos cuenta de que la vida es un proceso, en el cual hemos de participar. La vida es un recorrido, y tenemos la opción de experimentarla como algo mágico.

Entrenar la mente implica recordar lo que, en cierto nivel, ya sabemos. Y hay que traer esa memoria al presente, porque nos servirá para colocarnos en el camino correcto, y nos dará el poder para participar en el viaje. Este libro nos recordará el proceso que ya hemos seguido al adquirir una habilidad, mucho antes de que siquiera conociéramos el significado de la palabra «proceso». Y nos recordará que la vida misma no es más que una larga sesión de práctica, un esfuerzo interminable por refinar los movimientos físicos y mentales que integran nuestros días.

A todos nos queda claro que algunas actividades —como aprender a tocar un instrumento musical o desarrollar un buen *swing* en el golf— son habilidades que, como tales, requieren práctica. Pero de hecho, no tomamos en cuenta que la vida misma es un viaje que requiere, e incluso nos obliga, ya sea consciente o inconscientemente, a dominar una habilidad tras otra. Solemos olvidar que al principio de nuestras vidas aprendimos a caminar y a expresar nuestros pensamientos y sentimientos partiendo de cero, de un punto en el cual no teníamos «ninguna destreza». Pero motivados por el deseo y la necesidad, nos dedicamos a dominar cada una de estas habilidades paso a paso, un sonido a la vez. Y, quizás lo más importante de eso, es que lo hicimos sin tener una sensación de estar batallando. Al igual que con la música y el golf, adquirimos habilidades a través del proceso que llamamos práctica: la repetición consciente de una actividad, con la intención de alcanzar una meta deseada.

En el mundo actual, de ritmo acelerado y lleno de estrés, utilizamos la palabra habilidad para definir un bien personal; por ejemplo, podemos decir: «Eso no forma parte de mis habilidades». Y al mismo tiempo, cada día somos más conscientes del valor de poseer varias habilidades distintas. No obstante, resulta irónico que no somos conscientes de que nuestra capacidad de adquirir una habilidad de manera rápida y con un mínimo esfuerzo, de ser posible mientras sentimos paz interior y dicha, es una habilidad en sí misma y requiere de práctica constante, si ha de convertirse en parte integral de quienes somos.

Cuando aprendemos a concentrarnos en algo y aceptamos el proceso de vivir la vida, ya sea porque estemos buscando alcanzar una aspiración personal o intentando resolver una situación difícil, comenzamos a liberarnos de la tensión y la ansiedad que nacen de apegarnos a nuestras metas, de apegarnos a la sensación de «no seré feliz hasta alcanzar mis objetivos». Esta «meta» siempre adquiere la forma de un sitio al que no hemos llegado, algo que aún no tenemos, pero que conseguiremos en algún momento; y entonces, según nosotros, todo estará bien en nuestras vidas.

Si realizamos un sutil cambio y nos concentráramos en la dicha que surge de disfrutar el proceso de llegar a la meta, en lugar de enfocarnos únicamente en el momento de alcanzar nuestro objetivo, adquirimos una nueva habilidad. Y una vez dominada, esa habilidad es mágica y brinda una gran sensación de poder.

Describimos a quienes poseen esta «habilidad» como gente con autodisciplina, concentración, paciencia y autoconocimiento. Y reconocemos que todas estas virtudes importantes se entretejen, para formar el entramado de la verdadera paz interior y la satisfacción en la vida. Poseer esta habilidad nos convierte en maestros de la energía que empleamos para vivir. Y al carecer de esa habilidad, nos volvemos víctimas de nuestros propios esfuerzos, deseos y trayectos sin sentido.

Entrenar la mente nos ayudará a entender y a desarrollar esta habilidad como parte integral de quienes somos, y a comprender cómo la cultura en la que vivimos persiste en que hagamos lo contrario. Este libro trata sobre cómo aprender a vivir en el presente, y cómo convertirnos en gente orientada: en gente que presta atención a sus propios procesos. Nos colocará en un sendero mágico, y nos brindará un maravilloso sentido de paciencia con nosotros mismos y nuestras vidas, mientras aprendemos a disfrutar del viaje.

Todo lo que vale la pena conseguir en la vida requiere de práctica. De hecho, la vida misma no es nada salvo una larga sesión de práctica, un esfuerzo interminable para afinar nuestros movimientos. Al comprender la mecánica adecuada de la práctica, la tarea de aprender algo nuevo se convierte en una experiencia libre de tensión, y llena de dicha y tranquilidad, se convierte en un proceso que sosiega todas las áreas de la vida, y promueve una perspectiva adecuada ante todas las dificultades.

CAPÍTULO 1

Comienza el aprendizaje

Cuando era niño, a pesar de mi corta edad (solo tenía cuatro años), tomé clases para aprender a tocar la guitarra pero no recuerdo gran cosa. Sin embargo, cuando pienso en la música que tocaba, puedo afirmar que adquirí una habilidad considerable. A pesar de esto, dejé de tomar clases después de dos años, y en los años siguientes no hice mucho, musicalmente hablando. Cuando tenía nueve, como muchos otros niños empecé a tomar clases para aprender a tocar el piano. Nuevamente, esto duró poco, solo diez meses en esta ocasión. Si me hubieran preguntado por qué, probablemente hubiese respondido que era aburrido y difícil, y que no sentía que estuviera mejorando. Aunque mi perspectiva probablemente fuera acertada en aquel entonces, la razón que de verdad motivó a que yo dejara de tomar clases fue que yo no era muy bueno en el proceso de practicar música, o practicar cualquier otra cosa para el caso. Desafortunadamente, en aquel tiempo carecía de la sofisticación necesaria para percatarme de esto. Sin embargo, debido a mi amor por la música, eventualmente aprendí a tocar el piano.

Durante los últimos años de mi adolescencia y unos años después de cumplir veinte, cuando todavía estaba soltero, me dediqué a la música de manera muy seria y alcancé un éxito razonable. Podía componer y hacer arreglos en cualquier estilo. Toqué como músico profesional en distintos escenarios, desde los clubes campestres más elegantes hasta los peores bares de hotel. Logré poner un estudio de grabación bastante costoso, y conocí a algunos de los compositores y artistas más famosos en el mundo del pop, el jazz y el country. Pasados los veinticinco, ya era un músico bastante bueno, para los estándares de la mayoría de la gente.

Mi desarrollo musical continuó, y a los treinta y tantos, empecé a darme cuenta de que algo realmente había cambiado dentro de mí con respecto a mi actitud hacia la práctica. Ahora no solo me encantaba practicar y aprender cualquier cosa, sino que esa inmersión total en una actividad me parecía un escape de las presiones diarias de la vida. Incluso me sentía frustrado si se me limitaba la oportunidad de practicar algo, como por ejemplo un aspecto particular de mi *swing* de golf. Lo más importante es que empezaba a entender que todo en la vida era práctica, de una u otra manera. Hasta ese momento, como la mayoría de la gente, había asociado de manera errónea la palabra práctica solamente con las artes como la música, la danza o la pintura. No consideraba que cosas como lidiar con un niño malhumorado, con una carga pesada de trabajo o con un presupuesto mensual apretado fueran acciones en las cuales se pudieran aplicar los mismos principios que en el aprendizaje de la música.

Conforme mi entendimiento de la relación entre la vida, la disciplina mental y la práctica creció, empecé a enfocar mis esfuerzos en definir los fundamentos para ejercitar la mente. Observé cuándo y con qué frecuencia aplicaba estos fundamentos en la vida diaria. Quería comprender mejor los cambios en mi perspectiva que habían hecho posible semejante vuelco en mi actitud hacia el proceso de aprender algo nuevo. ¿Se debía simplemente a que había crecido y madurado, o se trataba de algo más definido y tangible que se desarrollaba en mi mente? Me quedaba claro que ahora procesaba la vida de manera distinta que en el pasado pero, ¿cuál era la mecánica de este nuevo sistema? Eso era lo que necesitaba saber.

En aquel momento, no advertí que mi experiencia de

aprender música en la infancia había sido lo que estableció las bases para ayudarme a lidiar con los conflictos, tanto mentales como espirituales, a los que me estaba enfrentando durante mi búsqueda de respuestas. Estas experiencias tempranas, de desear-lograr algo, mientras lidiaba con una personalidad que no era particularmente bien disciplinada en ese momento, me ayudaron a comprender por qué fallamos en proyectos que pueden ser muy importantes para nosotros. Mis éxitos y fracasos en la música me proporcionaron un punto de referencia contra el cual comparar, constantemente, mis acciones cotidianas. Por eso, habrá referencias a la música a lo largo de todo el libro. Sin embargo, no es necesario haber estudiado música para sentirse hermanado conmigo al leer todo lo que aprendí en cada faceta de ese arte. Dado que la naturaleza de la mente tiene una presencia en todas las actividades de la vida, seguramente cada lector podrá relacionar lo que yo entendí con sus propias vivencias.

A pesar de la importancia que tuvo la música en mi proceso de aprendizaje, ésta no fue la actividad que originalmente inspiró el cambio en mi forma de interpretar la vida diaria. No me hice consciente del giro en mi perspectiva respecto a la práctica hasta que, por consejo de mi esposa, empecé a jugar golf a los treinta y tantos años. Creo que la razón por la cual, al principio, no consideré que mis inicios como estudiante de música hubieran establecido las condiciones adecuadas para que germinara el cambio en mi conciencia, se debió a que aquella época estaba ya muy lejana. De hecho, para entonces, la música me venía naturalmente, y mi régimen de práctica era algo tan normal que ya había perdido la perspectiva del estudiante novato. El golf, por otra parte, constituía algo inexplorado para mí. No sabía casi nada sobre este deporte, y carecía de ideas preconcebidas sobre cómo debía jugarse.

Al principio mi suegro me llevaba a jugar. Yo rentaba o tomaba prestados unos palos viejos. Rápidamente experimenté las frustraciones del juego, pero lo que me impresionó más fue que no vi a nadie que jugara realmente bien. La mayoría de los jugadores llevaba tanto tiempo en el golf como yo en el piano; no obstante, no habían logrado pasar del Libro 1 en su propia actividad. Su juego era terrible, y no parecían tener idea sobre cómo resolver sus dificultades.

Me refiero a que, aunque llevaban muchos años jugando golf, semanalmente, todavía no lograban dominar cosas básicas, como elevar la pelota en el aire. No podían dirigirla hacia donde apuntaban, nunca lo hacían mejor, y no tenían idea de por qué. A esas alturas, debían de haber sido capaces no solo de pegarle a la pelota para que llegara a cientos de metros de distancia, sino también debían poder hacer cosas como que la pelota subiera mucho o poco, o que curveara su vuelo a voluntad de izquierda a derecha. Armados con su falta total de conocimiento sobre cómo «debían» efectuar el *swing* del palo de golf o cómo se veían al hacerlo, estaban repitiendo la misma falta de habilidades fundamentales una y otra vez pero esperaban resultados distintos. Si comparamos esto con la música, sería como ver a alguien que lleva veinte años tocando el piano frustrarse por su incapacidad de tocar más de una nota al mismo tiempo, por no darse cuenta de que debía tocar con los dedos y no los codos.

Quizás mi mayor ventaja era que, aunque no tenía mala coordinación, en la niñez no había sobresalido en ningún deporte. Por lo tanto, asumí que probablemente necesitaría un instructor para guiar mi proceso de aprendizaje, y evitar que yo terminara como tantos otros golfistas: eternamente frustrados. Por otro lado, debido a que crecí intentando aprender a tocar diferentes instrumentos musicales (además de la guitarra y el piano también estudié la flauta y el saxofón), anticipaba que requeriría tiempo y dedicación dominar las habilidades, que a la larga, le brindarían consistencia y placer al juego. Jamás se me ocurrió que el golf sería rápido o fácil de aprender. Estaba consciente de que, a pesar de mi talento para el piano, no había logrado alcanzar muchas de mis metas musicales; sin embargo, esta información no me intimidaba. Me consolaba la noción de que ya era un adulto, armado con una mentalidad adulta y todo lo que había aprendido de mis fracasos. Estaba seguro de que eso me ayudaría a alcanzar mis metas en esta misión recién emprendida.

Lo que aprendí del golf fue que todos mis fracasos en la música habían surgido de mi incomprensión de la mecánica correcta de practicar, o del proceso de elegir una meta, cualquiera que fuese, para luego realizar el esfuerzo constante de alcanzarla. Lo más importante, tal vez, fue darme cuenta de que había aprendido cómo lograr eso: había elegido una meta, sin la frustración y la ansiedad generalmente asociada con actividades similares.

El golf me proporcionó la primera oportunidad de cuantificar una mecánica, de transformar la información en algo tangible para alguien con mi educación. Antes de este momento, yo era como todos los demás, quería la dicha y los beneficios que se le otorgan al individuo que persevera en el trabajo, para alcanzar una meta personal ambiciosa. Quería experimentar el autodescubrimiento que se adquiere al elegir una meta y trabajar con constancia para alcanzarla, independientemente de los tropiezos y la frustración. Pero, este deseo de aprender es tan solo el primer paso. Sin una comprensión de la mecánica de la práctica correcta, y sin una conciencia sobre nuestros propios funcionamientos internos, es prácticamente seguro que agotaremos la inspiración y la motivación iniciales que nos impulsaron hacia esta meta, y nos quedemos solo con la sensación de que no podremos conseguirla aunque poco antes parecía tan digna de alcanzar.

¿Por qué molestarme con esto? Esa es una pregunta que me he hecho a mí mismo. Digo, en realidad, ¿cuál es la relevancia de esto en la manera en que vivimos nuestras vidas cotidianas? ¿Cuál es el impacto de la comprensión y el desarrollo de este estado mental en lo que experimentamos momento a momento, lo que logramos, lo que somos? La respuesta es que este estado mental influye en todo. Es la página en blanco en la cual dibujamos nuestras vidas. Determina no solo lo que dibujamos sino lo que somos capaces de dibujar. Conforma todo aspecto de quiénes somos, en qué nos convertiremos y cómo vemos a los demás. Es autodisciplina y autoconciencia. Nos aporta serenidad con nosotros mismos, con los demás y con la vida. Es ciertamente uno de los regalos más poderosos y significativos que podemos darnos, y sí, solamente nosotros podemos darnos este regalo.

Nuestra cultura actual está cimentada en el *multitasking*, que quiere decir realizar varias cosas al mismo tiempo. El *multitasking* se enfatiza no solo para aumentar la productividad (que nunca parece ser suficiente) sino también para la supervivencia. Nos lo enseñamos a nosotros mismos y se lo enseñamos a nuestros hijos. Siempre estamos haciendo y pensando más de una cosa simultáneamente.

Consideremos el simple hecho de manejar un automóvil. ¿Qué es lo primero que muchos de nosotros hacemos después de encenderlo? Encendemos la radio. Ahora vamos conduciendo y escuchando la radio. Si alguien nos acompaña, entonces tenemos una conversación además de las otras dos cosas. Si vamos solos, tal vez hablemos por teléfono. Nuestras mentes hacen malabares con muchas actividades y nuestras energías están muy dispersas. A pesar de que esto nos agota, se ha vuelto normal para nosotros debido a la aceleración continua del mundo que nos rodea. Ni siquiera nos cuestionamos los niveles de incoherencia que este *multitasking* alcanza a veces.

Hace algunos años, llevé a una de mis hijas a la pista de patinaje, a una fiesta organizada para el sexto grado de su escuela. Le dije que me sentaría discretamente en el área de alimentos, a leer mientras ella patinaba. Les diré lo que vi y escuché en esta escena. Habían seis monitores de televisión que colgaban del techo en el lado principal de la pista, donde la gente coloca sus patines. Cada televisión tenía un canal distinto, y el volumen de cada una competía con el de las demás. Se escuchaba música a todo volumen en la pista. Había un área de videojuegos con una media docena de máquinas grandes, cada una haciendo alarde de sus efectos de sonido. También había una pantalla de televisión de más de dos metros en uno de los extremos de la pista, transmitiendo un video musical que no correspondía a la música que emitían las bocinas. Por último, estaban todos los niños de once años de edad dando vueltas a la pista y sin hablar entre ellos. ¿Cómo podrían interactuar? Tan solo patinar mientras absorbían todo este estímulo sensorial, que sus mentes debían procesar, era extenuante.

A veces debemos hacer varias cosas al mismo tiempo, pero el problema para nosotros es que estamos tan acostumbrados al *multitasking*, que cuando decidimos que es momento de concentrarnos y dirigir nuestra atención a una sola actividad, no lo logramos. Nuestras mentes están muy agitadas y esa agitación lleva mucho impulso. No quiere detenerse. Nos cansa y nos tensa. No logramos quedarnos sentados, ni siquiera quietos. En cambio, cuando la mente está entrenada, ésta vive en el presente y tiene el enfoque y la precisión de un láser. Cuando la mente está entrenada, ésta obedece nuestras instrucciones con exactitud, y toda nuestra energía pasa por ahí. Estamos tranquilos y libres de ansiedad. Estamos donde debemos estar, en el momento, haciendo lo que debemos hacer y plenamente conscientes de lo que estamos viviendo. No hay movimientos, ni físicos ni mentales, que se desperdicien.

Volviendo al ejemplo del coche, ¿cuántas veces has conducido a alguna parte y después te das cuenta de que no recuerdas una parte del viaje? La razón por la cual se experimenta esto es porque en vez de enfocar nuestra atención a conducir el automóvil, nuestra mente está inundada con pensamientos inconexos. Hay muy poca gente realmente consciente de sus pensamientos. La mente de la mayoría de las personas corre por todas partes sin control, y ellos simplemente la van persiguiendo sin conciencia ni voluntad. En vez de observar sus pensamientos y servirse de ellos, están en sus pensamientos.

Si esto no fuese tan trágico, sería divertido. Estamos convencidos de que nosotros mismos estamos evolucionando a la par del progreso de nuestra tecnología. Pensamos que por tener teléfonos celulares con cámaras, debemos ser más avanzados que las personas que vivieron hace dos mil quinientos años; pero de hecho, estas personas del pasado estaban mucho más conscientes de su mundo interior que nosotros, porque no estaban tan distraídas por la tecnología. Tenemos mucha tecnología, que en teoría pudiera simplificar la vida; pero en realidad, no es así. Antes no disfrutaban de esta tecnología, pero vivían vidas mucho más simples, y tenían quizás una mejor comprensión de cómo funcionaban sus mentes.

Creemos que nuestras luchas actuales son exclusivas de nosotros, pero en realidad son atemporales, y quienes vivieron mucho antes que nosotros se enfrentaron a las mismas luchas internas. Existe una historia, de hace siglos, que describe bien estas luchas. Trata sobre el conductor de una carroza, estilo romano, jalada por cuatro caballos. En esta historia, los potros representan la mente. El conductor indisciplinado sube a la carroza, pero no sostiene las riendas. Los cuatro caballos corren sin control todo el día, agotándose y fatigando al conductor, mientras van chocando por el camino y cambiando constantemente de dirección. Los potros no saben dónde están ni a dónde van, en ningún momento. El conductor se sostiene de los barandales y va viendo pasar el paisaje. Él está tan desubicado como los caballos. En contraste, un conductor que tiene disciplina sube a la carroza, lleva las riendas en la mano, y dirige a los potros por el camino que ha seleccionado, cualquiera que este sea. Los caballos ya no viajan sin control. Los comandos refinados del conductor con disciplina encauzan la energía de los animales. El viaje es tranquilo, todos llegan al destino deseado en la menor cantidad de tiempo, con un mínimo de esfuerzo y fatiga. ¿Qué es preferible?

Si no estamos en control de nuestros pensamientos; entonces, no estamos en control de nosotros mismos. Sin autocontrol, se carece de poder real, independientemente de que se logre cualquier cosa de otra manera. Si no estamos conscientes de los pensamientos que tenemos en cada momento, entonces somos el conductor sin riendas, sin ningún poder sobre la dirección que llevamos. Es imposible controlar algo sin conciencia de ello. La conciencia debe preceder a la acción.

La misión de este libro es examinar cómo llegar de un punto al otro. ¿Cómo aprendimos a ser el conductor de la carroza que no sostiene las riendas, y qué tipos de hábitos culturales o enseñanzas refuerzan y perpetúan esta manera de pensar? ¿Qué podemos aprender sobre cómo piensan los niños? ¿Qué podemos enseñarles para que tengan que desaprender menos cosas que nosotros? ¿Cómo podemos lograr todo esto sin oponer una gran resistencia? Estas son las preguntas que yo me hacía y las cuales, espero, contestaré para el lector.

Cuando inicié este proyecto, lo imaginé simplemente como un libro para ayudar al lector a superar las dificultades de aprender a tocar un instrumento musical. Sin embargo, conforme me iba adentrando en el proceso de escritura, me percaté de que escribía sobre mi punto de vista en el tema de procesar la vida, no solo mis pensamientos sobre tocar un instrumento o aprender un *swing* de golf. Me di cuenta de que estaba utilizando lo que había aprendido, incluso en el proceso mismo de escribir el libro. Observé la perspectiva que mantenía para perseverar en mi escritura diaria. Noté su presencia en el esfuerzo de intentar comprender exactamente qué era lo que había aprendido, y cómo expresarlo en palabras. Vi cómo me ayudaba a ser capaz de administrar un negocio muy exitoso, y estar también presente para mis dos hijas.

Un día, me percaté de que me sentía frustrado y un poco irritado mientras cuidaba a mis hijas. Tenía muchas ideas para este libro pero debía esperar a escribirlas, porque mis hijas requerían atención. Me di cuenta de que me había convertido en el conductor de la carroza, sin control sobre las riendas. Le estaba permitiendo a mi mente correr por el camino y trabajar en el libro, en vez de mantenerse en ruta y disfrutar del tiempo que pasaba con mis hijas. Cuando me di cuenta de esto, jalé las riendas y dejé ir el libro hasta mi siguiente sesión programada de escritura. La tensión desapareció de inmediato, y me enfoqué en la diversión que me había estado perdiendo por no vivir el momento presente con mis hijas.

En el primer intento, no me hubiera sido posible escribir «esta» versión de Ejercita tu mente, aunque alguien me hubiera sentado y me hubiera dicho: «Únicamente dedícate a escribir. Yo pagaré tus cuentas y cuidaré a tu familia». Tuve que experimentar el proceso de escribir, y observarme a lo largo de los días, para aprender eso.

Ahora me doy cuenta de que mi manera de conducirme en la vida empezó a cambiar cuando tenía veintitantos años. Tal vez, esto resulte familiar para muchos. En ese momento, ya era larga la lista de actividades que habían despertado mi interés, y en las cuales me había involucrado con mucho entusiasmo inicial para pronto perder el impulso y la energía y terminar abandonándolas. Al principio, elegía una actividad en particular, digamos el ejercicio físico. Después, me involucraba a fondo, inscribiéndome al gimnasio, comprando la ropa adecuada y demás. Luego, empezaba con un compromiso tenaz y perseveraba en mi esfuerzo. Tras algunas sesiones, mi entusiasmo inicial empezaba a disminuir y me costaba trabajo mantener el interés y la disciplina. A partir de ese momento, se volvía cada vez más difícil continuar con la práctica de perseverar en la rutina del ejercicio, y empezaba a inventar excusas para saltarme sesiones con promesas como: «lo compensaré en la siguiente sesión» o «haré una sesión más, en la mañana, antes de ir al trabajo». Esto era una simulación porque tampoco cumplía estos compromisos, pero me quedaba muy a gusto con mi justificación para no hacer las cosas hasta que, finalmente, me alejaba por completo de mis metas originales. Sin embargo, me quedaba con una inquietante sensación de haberme decepcionado, además del sentimiento de no estar realmente en control de mi destino, porque no era capaz de completar algo que había tomado la decisión de hacer. Eventualmente, llegaba a un punto en este ciclo donde perdía todo el interés en esa actividad en particular, y emprendía la búsqueda de la siguiente cosa que llenaría el vacío e iniciaba de nuevo el proceso. Tenía la gran ventaja de estar consciente de haberme metido en este ciclo cuando empezaba algo nuevo. Notaba mi tendencia, me podía observar mientras repetía esta rutina con una cosa tras otra.

En ese momento, estaban sucediendo tres cosas en mi vida que se convertirían en el principio de un cambio importante en mi perspectiva y conciencia. En primer lugar, había empezado a tomar lecciones de piano nuevamente, con un maestro que no solo era de los mejores pianistas del área sino que también contaba con unos cuantos años más que yo. Como hombre adulto, tomar clases implicó toda una nueva serie de ventajas y desventajas, en comparación con las clases que tomé cuando yo era niño. Profundizaremos en ello en un capítulo posterior. En segundo término, había empezado a estudiar, de manera independiente, filosofías orientales en la universidad. Al estudiar en aquel tiempo, abarcaba temas diversos, no me centraba en ninguna filosofía en particular; era un curso autodidacta de «religiones y filosofías del mundo». Esto provocó en mí un proceso contemplativo que, a lo largo de los siguientes veinte años, cambiaría por completo mi entendimiento acerca de la relación entre la mecánica de la práctica y las razones para practicar.

Si nunca lo has considerado, piensa ahora cómo todo lo que aprendemos y dominamos en la vida, desde caminar y amarrar nuestras agujetas hasta ahorrar dinero o criar un hijo, se logra a través de una especie de práctica, algo que repetimos una y otra vez. En la mayor parte de los casos, no estamos conscientes del proceso como tal, pero así es como se manifiesta la práctica si se hace correctamente. Conlleva anticipación libre de tensión y carece de la pregunta interna: «¿Cuándo alcanzaré la meta?». Cuando practicamos algo de manera adecuada, el hecho de estarnos embarcando en un proceso complejo de aprendizaje desaparece y, lo que es más importante, el proceso se disuelve en un periodo de calma interior que nos permite descansar de la tensión y la ansiedad de nuestro mundo de «tenerlo listo para ayer», que ejerce presión sobre cada día de nuestras vidas. Por esta razón, es importante reconocer el proceso, controlarlo, y aprender a disfrutar este aspecto de las actividades cotidianas.

La tercera gran influencia en mi cambio de perspectiva hacia el aprendizaje de cosas nuevas surgió de una decisión profesional. Había decidido convertirme en técnico de pianos de concierto y reconstructor de pianos. Esta vocación es única, por ponerlo modestamente. Toma años aprender las habilidades necesarias para ser un técnico de concierto de alto nivel; e incluso, toma aún más tiempo dominar el arte de la restauración de instrumentos finos. Mis actividades diarias iban desde preparar un gran piano de concierto, con un valor de 100,000 dólares, para el espectáculo de una sinfonía de clase mundial, hasta restaurar pacientemente un gran piano antiguo, para dejarlo en mejores condiciones que cuando era nuevo. Durante mis años en este negocio, conocí a algunos de los mejores directores, pianistas, líderes de bandas; cantantes de pop, de jazz y de música country, del mundo. Además, restauré pianos que databan del periodo de la Guerra Civil estadounidense.

El mecanismo de un gran piano (es decir, del teclado completo) consiste de unas 8,000 a 10,000 partes. Tiene 88 notas, con unos 34 ajustes distintos por nota. Un piano tiene entre 225 y 235 cuerdas, cada una con su clavija de afinación correspondiente que debe ajustarse de manera individual, al menos una vez durante la afinación. Mi punto es obvio. Trabajar en un piano es repetitivo, tedioso y monótono, en el mejor de los casos. Cada cosa que se hace al instrumento, se debe hacer al menos 88 veces. Esto obliga a dejar de lado todo, a conservar una actitud práctica y eficiente hacia el trabajo del día a día, en el taller y en el escenario. Si no se tiene al menos un nivel mínimo de disciplina y de paciencia, la ansiedad y la frustración se disparan.

Mi propósito al detallar la naturaleza repetitiva y monótona de este trabajo es precisar por qué, por simple supervivencia, empecé a desarrollar la capacidad de perderme en el proceso de hacer algo. A pesar de lo difícil del trabajo, su naturaleza monótona me permitía pasar el día a solas con mis pensamientos. Esto me proporcionaba el tiempo, mientras lidiaba con la naturaleza de mi oficio, para observar y evaluar lo que funcionaba y lo que no.

A lo largo de este libro, relataré cuáles considero fueron los eventos claves y las áreas de mi vida que me enseñaron más sobre mí mismo, por qué batallaba a veces, por qué a veces me decepcionaba y cómo superé esos fracasos simplemente a través de la observación de algunas de las verdades simples de la vida.

Así que, vayamos al principio para empezar a comprender cómo se ejercita la mente.

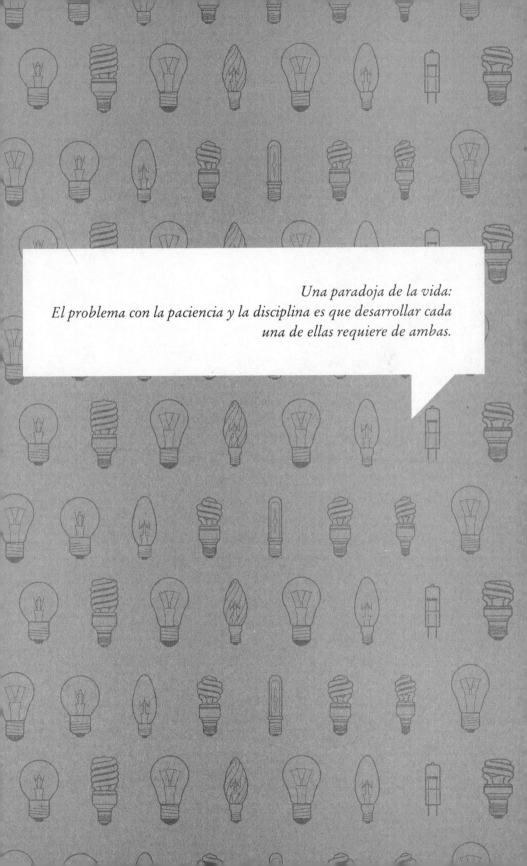

Una paradoja de la vida:
El problema con la paciencia y la disciplina es que desarrollar cada
una de ellas requiere de ambas.

CAPÍTULO 2

Proceso, no producto

Cuando estuve estudiando golf, tomé un curso grupal de seis semanas. Cada semana, cinco adultos nos reuníamos en el campo de práctica para recibir una hora de instrucción, seguida de una hora de práctica por nuestra cuenta. Antes de la tercera sesión, mientras esperaba sentado a que la clase que iba delante de nosotros terminara, conversé con una de mis compañeras, quien también había llegado temprano y estaba sentada junto a mí. Cuando nos habíamos presentado el primer día, ella comentó que estaba muy involucrada en la rutina corporativa y quería aprender golf para relajarse, y como un medio para superarse en su trabajo. Explicó que en su profesión, las salidas a jugar golf servían como una manera de conocer nuevos contactos del negocio, y para discutir asuntos de la compañía en un entorno relajado.

Mientras hablábamos del golf y de nuestros trabajos, le pregunté lo siguiente: «Oye, ¿practicaste lo que aprendimos la semana pasada?». «No —me respondió—. Tuve mucho que hacer en la semana. Quisiera despertar un día y poder jugar bien». Percibí frustración y una leve tristeza en su voz. Se notaba frustrada de que el golf fuera mucho más difícil de lo que parecía a simple vista, y entristecida por el arduo trabajo que le esperaba, si albergaba alguna esperanza de lograr el nivel de habilidad necesario para que el juego resultara divertido.

Cuando empezó nuestra clase, el instructor nos preguntó lo mismo a todos, aunque la verdad saldría a relucir en cuanto empezáramos a calentar y a pegarle a algunas pelotas. El propósito de su pregunta era que admitiéramos, en voz alta, si habíamos tenido la disciplina necesaria para practicar, y hacer un hábito de las técnicas que nos había enseñado la semana previa. Eso nos permitiría avanzar más fácilmente al siguiente paso. Lo que se descubrió fue que solo dos de nosotros habíamos practicado en la semana. Solo uno de mis compañeros, había ido al campo varias tardes para repasar lo que se le había enseñado. Los otros tres, no solo no habían ido a practicar sino que se habían marchado inmediatamente después del periodo de instrucción previa, en vez de quedarse para practicar por su cuenta. Mi práctica semanal incluía lo siguiente:

Después de la clase del lunes anterior, me quedé una hora golpeando pelotas para empezar a aprender lo que nos habían enseñado. Antes de irme, pasé algunos minutos en el auto escribiendo notas en un pequeño cuaderno. Me aseguré de anotar la descripción de todo lo que habíamos visto en clase. Estas notas no tenían nada de elaborado, eran simples recordatorios de los puntos clave que el instructor mencionó. Durante la siguiente semana, practiqué en mi sótano cuando mis hijas se habían ido a la cama, y tras ponerme al corriente sobre los asuntos del día con mi esposa. Hice una lista de todo lo que haría en esa sesión de práctica en particular, y dividí cada una de las tareas para poder trabajar en un solo aspecto del *swing* de golf de manera independiente. Practicaba cada parte, haciendo entre cien y doscientos *swings* frente al espejo, con un palo recortado para no golpear el techo. Continué haciendo esto durante la semana, y fui tres veces al campo para golpear pelotas de verdad. Pero me obligaba a trabajar en una sola parte del *swing* por vez. Cuando estaba en el campo, concentraba la mayoría de mi energía en no hacer caso en cómo se veía el vuelo de la pelota. Estaba pendiente del proceso de aprender las partes del *swing*. No esperaba ver buenos golpes. Un buen golpe de golf es el resultado, o el producto, de que todas las partes anteriores sean correctas.

Para mis compañeros de clase, este tipo de rutina de práctica requería demasiado tiempo y esfuerzo. Además, según ellos, sus días ya estaban demasiado ocupados. Sin embargo, la realidad era que, al igual que al aprender un instrumento musical de niño, rara vez le dediqué al golf más de una hora de práctica al día. Simplemente, al dejar de ver la televisión, una persona promedio dispondría de mucho más tiempo que ese, para practicar algo de su interés. Respecto al golf, lo más importante para mí era que no solo deseaba tener sesiones de práctica, sino que las necesitaba. Me daban una distracción.

Al igual que para los demás, mi vida podía ser estresante; por lo cual, disfrutaba de abstraerme en algo que no lo fuese. Además de las altas y bajas normales de la vida familiar, tenía fechas límites en el trabajo. Debía ocuparme de la restauración de pianos costosos que habían estado guardados por años, y los clientes querían que terminara a tiempo, independientemente de si los proveedores me habían enviado las partes equivocadas o si había perdido tiempo en un servicio de emergencia para una sinfonía. También debía lidiar con situaciones muy tensas preparando pianos para los conciertos de algunos de los artistas más importantes del mundo de la música. Si surgía un problema, yo era el hombre para resolverlo. Tenía que proporcionar una solución en el momento y sin excusas. En más de un concierto sinfónico, estuve buscando frenéticamente un matiz de imperfección mientras el artista veía por encima de mi hombro y miles de personas esperaban en el lobby para que termináramos y bajáramos del escenario. La tensión era algo común en mi trabajo.

A diferencia de lo que otros compañeros de mi clase de golf experimentaban, yo me di cuenta de que cuando concentraba mi atención en el momento presente, las sesiones de práctica eran tranquilizantes y nada molestas. No tenía que estar en ninguna otra parte salvo «aquí», y no tenía que lograr nada salvo lo que estaba haciendo «justo en ese momento». Me di cuenta de que sumergirme en el proceso de la práctica cerraba la puerta a todas las tensiones del día, y a los pensamientos sobre lo que debía hacerse después. Mantenía mi mente en el presente, fuera del pasado y el futuro. Me libraba de toda expectativa sobre cuánto tiempo me tomaría lograr un buen *swing*, porque estaba disfrutando lo que hacía en ese momento: aprender a tener un buen *swing*.

¿Por qué para mí la práctica del golf estaba resultando ser una experiencia vigorizante y a la vez tranquilizadora, mientras que para mis compañeros era lo opuesto? Creo que se debía a que yo realmente estaba practicando y ellos no. Su problema se complicaba debido a su ansiedad, que surgía porque eran conscientes de que al no practicar, no estaban acercándose a la meta deseada.

Hubieran encontrado el tiempo y la disciplina, e incluso hubieran deseado practicar, de haber sucedido dos cosas. En primer lugar, hubieran necesitado entender la mecánica de la práctica correcta. En otras palabras, necesitaban comprender cómo la mecánica adecuada optimizaría su experiencia del proceso de aprendizaje, y los liberaría de la tensión y la impaciencia. Segundo, necesitaban cambiar sus metas internamente. Tenemos el hábito malsano de convertir el producto —nuestro resultado deseado— en la meta. Esto es evidente en muchas actividades de nuestras vidas diarias. Nos obsesionamos con la meta prevista y nos perdemos por completo de la dicha presente del proceso mismo que debemos realizar para lograr lo que nos propusimos. Pensamos erróneamente que alcanzaremos un punto mágico y que, en ese momento, estaremos felices. Vemos el proceso para llegar a ese punto casi como una molestia necesaria que debemos atravesar para llegar a nuestra meta.

Veamos ambos puntos mencionados anteriormente. Resultará evidente que están interrelacionados y que uno crea el otro. En primer lugar, veremos la diferencia entre practicar algo y solamente aprenderlo. Para empezar, definamos qué significa la palabra práctica en su forma más simple.

Para mí, las palabras práctica y aprendizaje son similares pero no son lo mismo. La palabra práctica implica la presencia de conciencia y voluntad; la palabra aprendizaje no. Cuando practicamos algo, nos involucramos en la deliberada repetición de un proceso con la intención de alcanzar una meta específica. Las palabras deliberada e intención son claves aquí porque definen la diferencia, entre practicar algo activamente y aprenderlo pasivamente. Si alguien crece en una casa donde hay peleas constantes y comportamiento inadecuado, puede aprender ese comportamiento sin saberlo. Si eso sucede, entonces para cambiar un comportamiento similar debe, para empezar, hacerse consciente de las tendencias de personalidad que posee y practicar un comportamiento diferente repetida y deliberadamente con la intención de cambiar.

La práctica abarca el aprendizaje, pero no viceversa. El aprendizaje no considera el contenido. Manteniendo esto en mente, también podemos decir que la mecánica de las buenas prácticas requiere de mantenerse deliberada e intencionalmente en el proceso de hacer algo y estar consciente de si se está logrando o no. También implica desprendernos de nuestro apego al «producto».

El título de este capítulo es «Proceso no producto». Esta frase sencilla, pero poderosa, es algo que estoy seguro que todos hemos escuchado de una forma u otra en algún momento de la vida. Los dichos como «no pierdas de vista el propósito», «no te orientes demasiado hacia el resultado» y « no hay una meta en la vida, la vida es la meta» son maneras diferentes de expresar la misma verdad. Lo que estas frases están diciendo es: «enfócate en el proceso, no en el producto que ese proceso tiene la intención de lograr». Es una paradoja. Al enfocarse en el proceso, el producto deseado se alcanza por sí mismo con fluidez. Si el enfoque está en el producto, inmediatamente empieza una lucha interior y se experimenta aburrimiento, inquietud, frustración e impaciencia con el proceso. La razón de que esto suceda no es difícil de entender. Cuando uno se concentra en el momento presente, en el proceso de lo que está haciendo, la mente siempre estará donde quiere y debe estar. Entonces, toda su energía se concentra en lo que se está realizando. Sin embargo, cuando uno se enfoca en el sitio donde quiere terminar, la mente nunca está donde quiere estar, y agota su energía con pensamientos no relacionados, en vez de ponerla en lo que está haciendo.

Para enfocarnos en el presente, debemos dejar ir nuestro apego a la meta deseada, al menos por un momento. Si no nos liberamos de nuestro apego a la meta, no podemos estar en el presente porque estamos pensando en algo que todavía no ha ocurrido: la meta. Este es el cambio en la meta del que hablaba antes. Cuando la meta cambia del producto por alcanzar al proceso de alcanzarlo, ocurre un fenómeno maravilloso: toda la presión desaparece. Esto sucede porque, cuando la meta se convierte en prestar atención solamente a lo que se está haciendo en el momento presente, si se hace solo eso, la meta se está alcanzando en todos y cada uno de los momentos. Por un lado, es un cambio muy sutil, pero por otro es un salto tremendo en cómo percibimos cualquier cosa que requiera un esfuerzo. Al cambiar en verdad, al centrar la atención en lo que se está haciendo en el momento y permanecer continuamente consciente de lo que se está haciendo, se logra una sensación de calma, relajación y control. La mente se desacelera porque solo se le está pidiendo que piense en una cosa a la vez. El parloteo interno desaparece. Enfocarse de esta manera va muy en contra de la forma en que manejamos la mayoría de nuestras actividades durante el día. Nuestras mentes intentan manejar una larga lista de cosas que tenemos que resolver (en el futuro) o cosas que olvidamos hacer (en el pasado). Estamos en todas partes salvo donde estamos; y por lo general, estamos haciendo demasiadas cosas simultáneamente.

Esta conciencia de estar donde estás, en el presente, proporciona el refuerzo positivo constante de alcanzar la meta una y otra vez. Sin embargo, cuando la mente se concentra solo en el producto terminado, no solo se experimenta frustración cada segundo que no se alcanza, sino también ansiedad en cada «error» cometido mientras se está practicando. Cada error aparece como una barrera, algo que impide alcanzar la meta, y experimentar la dicha de lograrlo.

Cuando, por otra parte, la meta es concentrarse en el proceso y mantenerse en el presente, entonces no hay errores ni juicios. Se está aprendiendo y haciendo. La actividad se está ejecutando, y al mismo tiempo se está observando el resultado y se están haciendo los ajustes necesarios en la energía que se utiliza durante la práctica para producir el resultado deseado. No hay emociones negativas porque no se está juzgando nada.

Para usar la música como ejemplo, digamos que la meta es aprenderse una pieza en particular. Si la meta es tocar la pieza entera perfectamente, con cada nota tocada se estarán realizando juicios constantes sobre la música y sobre uno mismo: «Toqué esa parte correctamente pero no logro tocar bien esta otra parte», «Aquí viene la parte en que siempre me equivoco», «Nunca va a sonar como quiero. Es muy difícil». La energía que se desperdicia en todos estos juicios no se está concentrando en aprender la música y alcanzar un punto donde tocarla no requiera un esfuerzo. Estos pensamientos solamente obstaculizan el aprendizaje de la pieza. Desperdiciamos mucha energía al no estar conscientes de cómo la encauzamos.

Esto no significa que se deba perder contacto con la meta final. Se sigue usando como el timón que orienta la sesión de práctica, mas no como el indicador del progreso. La meta crea un dilema en cualquier actividad porque, por lo general, es la razón por la cual inicialmente se embarca uno en ella y siempre está ahí como un punto de comparación contra el cual medir el progreso. Se puede notar claramente este dilema en deportes como el patinaje, la gimnasia, el boliche y el golf, que tienen marcadores para medir la «perfección», pero también está presente en formas más sutiles, en cualquier área de la vida en la cual aspiremos a lograr algo. Si, mientras escribo este libro, empiezo a sentir que lo único que quiero es terminar este capítulo para poder pasar al siguiente, estoy haciendo lo mismo y usando mal la meta. Si estás intentando mejorar la forma en cómo lidias con un compañero difícil en el trabajo, y un día fallas un poco en tu esfuerzo y te juzgas por eso, estás haciendo lo mismo y utilizando mal la meta. El problema está en todas partes, en todo lo que hacemos. En el caso particular recién mencionado, podrías quedarte en el presente, observar tu interacción con tu colega, usar el cómo quieres lidiar con la situación (tu meta) como timón y después reajustarte para que continúes en el proceso de navegar hacia esa meta.

Podrías pensarlo como si estuvieras lanzando pelotas de tenis a un cubo de basura desde tres metros de distancia. Imagina que tienes tres pelotas y debes arrojarlas una por una al cubo de basura a tres metros. La manera más productiva de cumplir con esta tarea es algo así: tomas una pelota, ves el cubo y lanzas la primera pelota. Si la pelota golpea el piso frente al cubo, entonces tomas nota de esto y tomas la decisión de ajustar el arco de trayectoria de la pelota y qué tan fuerte lanzarás la siguiente con base en la información observada. Puedes continuar este proceso con cada lanzamiento y permitir que la retroalimentación del presente te ayude a refinar el arte de lanzar una pelota de tenis a un cubo de basura.

Fallamos en esta actividad cuando nos separamos del enfoque de concentrarse en el presente y nos apegamos al resultado en nuestros intentos. Entonces empezamos el ciclo emocional de juzgar: «¿Cómo pude fallar la primera? No soy muy bueno en esto. Ahora lo mejor que puedo hacer es dos de tres» y así sucesivamente. Si nos mantenemos en el proceso, esto no ocurre. Vemos el resultado de cada intento con indiferencia emocional. Lo aceptamos como es, sin juicios involucrados.

Recuerda, el juicio redirige y desperdicia nuestra energía. Se podría decir que debemos juzgar el resultado de cada intento para decidir cómo proceder, pero esto no es verdad. El juicio conlleva una sensación de correcto o equivocado, de bueno o malo. Lo que estamos haciendo aquí es observar objetivamente y analizar el resultado de cada intento. Esta observación sirve únicamente para modificar nuestro siguiente esfuerzo. Es sorprendente cómo cambia todo cuando usamos esta manera de pensar, cómo cambia nuestra manera de acercarnos a una actividad nueva. Para empezar, nos volvemos pacientes con nosotros mismos. No tenemos ninguna prisa por llegar a algún punto predeterminado. Nuestra meta es mantenernos en este proceso y dirigir nuestra energía en cualquier actividad que elijamos en el presente. Cada segundo que logramos esto, cumplimos con nuestra meta. Este proceso nos trae paz interior y una maravillosa sensación de dominio y confianza en nosotros mismos. Estamos dominándonos al mantenernos en el proceso y dominando la actividad que estamos realizando. Esta es la esencia de la práctica correcta.

¿Por qué somos tan ineptos en todo esto? ¿Cómo aprendimos a procesar la vida de una manera tan contraria, una que nos insiste en que el producto es lo único que importa? Esto nos presiona mentalmente cada vez más y sin que logremos ver el final. Al no mantenernos en el proceso, nuestras mentes van por todas partes todo el día, como los caballos que corren libremente sin que alguien controle las riendas. Pensamos demasiados pensamientos a la vez, y la mayoría son los mismos pensamientos que tuvimos ayer y el día anterior. Somos impacientes con la vida, somos ansiosos.

Debemos aceptar que, en cierta medida, esta manera de pensar es parte de la naturaleza humana. Si lees sobre cualquiera de las grandes religiones y filosofías del mundo, encontrarás que en su centro está el tema de nuestra incapacidad de permanecer en el momento presente. Todas explican con detalle que lograr esto es lo más importante para alcanzar y experimentar la verdadera paz interior y lograr ser consientes de nuestro poder real. Es por esto que tenemos la historia milenaria del conductor de la carroza.

En Occidente, una buena parte de la orientación hacia el producto proviene de la manera en que opera nuestra cultura. Esta debilidad en la naturaleza humana se nos enseña repetitivamente y se incorpora a nuestra personalidad, lo cual hace más complicado estar consciente y, aún más, superar esta perspectiva limitante.

En el deporte nos concentramos en el ganador. En las artes como la música, el estudiante novato pregunta: «¿Cuánto tiempo me tomará tocar como aquella persona de allá?», como si todos los momentos previos a ese punto fueran a ser un tedio que debe soportarse. En la educación, como discutiremos más adelante, lo que aprendemos realmente es, en el mejor de los casos, una nota de pie de página porque, al final, el resultado de la escuela, las calificaciones altas, es lo que importará en el futuro. Para la mayor parte de nuestra cultura, enfocarse en el proceso es prácticamente mal visto, se considera como una pérdida de tiempo.

La idea de que el producto final es todo lo que realmente importa empieza cuando somos muy jóvenes. Aunque no recordemos con exactitud cuáles comportamientos observamos en nuestra niñez temprana que grabarán esta idea en nuestras personalidades, ciertamente la idea está ahí para la mayoría de nosotros cuando llegamos a la edad escolar. Si tuvimos suerte y no adquirimos esta perspectiva prematuramente, con toda certeza los sistemas educativos trabajarán para inculcárnosla.

Para profundizar en el punto que se mencionó anteriormente, la escuela es el principio de lo que yo calificaré como marcadores duros y rápidos que definen quiénes somos. Estos marcadores son, por supuesto, las calificaciones. Las calificaciones, cuando funcionan como deben, tienen la responsabilidad de informar al sistema educativo qué tan bien está funcionando el actual método de enseñanza. Sin embargo, es cuestionable si en realidad se logra esto. Las calificaciones escolares han existido por mucho tiempo y la gente sigue obteniendo dieces o cincos en sus boletas de calificaciones. Las pruebas estandarizadas son otra forma de evaluar nuestro desempeño en asuntos académicos. Son una influencia importante para decidir a qué universidades ingresaremos o incluso si alguna escuela en particular nos consideraría como estudiantes potenciales. Durante nuestros años escolares las calificaciones definen en buena parte quiénes somos y cuánto valemos. Pueden ser una influencia importante en qué tan lejos llegaremos en la vida y qué dirección tomaremos. Nos dicen mucho sobre la percepción que tenemos de nuestro propio valor. Una persona que saca sietes siente que es «promedio». Una que saca cincos es un «reprobado» y uno que saca dieces es, por supuesto, «excelente». Durante nuestros años escolares, empezamos a desarrollar una creencia fundamental que dice: «los resultados lo son todo», independientemente de cómo los logremos. ¿Por qué otro motivo haría trampa la gente?

No me encuentro aquí para promover un sistema de evaluación *new age* que nos haga sentir a todos que somos candidatos a convertirnos en el mejor de la clase. Eso estaría más allá del contexto de este libro y de mi capacidad. Lo que sí está dentro del contexto del libro es cómo este sistema de calificaciones afecta nuestras actitudes para convertir el producto en la prioridad para hacernos padecer el proceso.

A lo largo de mis años escolares las matemáticas me parecieron la materia más complicada. Incluso a una edad muy temprana, ciertos aspectos de las matemáticas simplemente no tenían sentido para mí. El maestro explicaba algo en el pizarrón y yo escuchaba atentamente e intentaba seguirlo, pero sin éxito. Empezaba los nuevos proyectos con la firme decisión de sobreponerme a mi falta de comprensión, a fuerza de trabajo arduo, pero nunca pareció servir. Siempre fui un niño con la mente orientada a la creatividad, no a lo analítico en el sentido matemático. Mis calificaciones siempre fueron un reflejo de esto y mis boletas mostraban consistentemente que yo era un estudiante de ochos, con uno que otro diez salpicado por aquí y por allá, excepto en matemáticas. En las materias que eran más del hemisferio derecho, como escritura creativa, por lo general era el primero en terminar mis trabajos. En matemáticas, permanecía trabajando después de que sonaba la campana y la mayoría de los estudiantes ya se habían ido. Algunos de mis problemas, probablemente, se debieron a una mala instrucción. Digo esto porque hubo uno o dos maestros de matemáticas que me presentaron el material de forma clara y podía al menos lograr un siete o un ocho en sus clases, pero eran la excepción a la regla.

Lo que aprendí de mí mismo a través de la experiencia escolar y las calificaciones ilustra cómo el producto se convierte en la prioridad en vez del proceso. La mayoría de nosotros escuchó frases en nuestros años escolares que estaban arraigadas en el marco correcto de «proceso no producto». Me refiero a las palabras de aliento como: «haz tu mejor intento, eso es lo importante» y «haz lo mejor que puedas, es todo lo que se te puede pedir». Estas palabras son un buen consejo. Pero de alguna manera, la mayoría de nosotros sabía que eran frases huecas y falsas. En lo que respecta a las matemáticas, puedo decir con honestidad que hice mi mejor esfuerzo pero eso nunca me consoló cuando recibía mis boletas de calificaciones. De inmediato me brincaba los sietes, ochos y dieces que adornaban todas las columnas, y me iba a «Comprensión matemática» donde el 6 (probablemente un reconocimiento a mis esfuerzos) se hacía presente en todo su esplendor. Tuve la gran fortuna de que mis padres no daban importancia a los logros académicos. Siempre me alentaron a pesar de mis calificaciones bajas. Sin embargo, en esos años de primaria y hasta la universidad, siempre llevé una percepción interna de que esas calificaciones eran quien era yo, y una parte del valor que me otorgaba a mí mismo; al menos en el ámbito de las matemáticas. Aprendí a temer a las matemáticas de cualquier tipo y me sentía torpe en mi habilidad para sobreponerme a esa sensación.

No me encontraba solo en esta perspectiva, ni mucho menos. Algunas personas, tal vez aquellas cuyos padres estaban muy interesados en los logros académicos, tenían un compromiso mucho más grande con el poder de la calificación. Todo esto lo puedo ejemplificar claramente con mi experiencia de tomar un curso universitario de teoría de la música. Tenía veinticinco años y ya vivía solo. Era dueño de un negocio y podía mantenerme. La decisión de tomar el curso era solo mía. Como yo era mi propio jefe, me podía dar el lujo de no tener que tomar una clase en la noche. Podía entrar a las clases diurnas junto con los niños recién egresados de la preparatoria.

Una de las tareas de esta clase consistía en trabajar en una computadora cuyo programa evaluaba el aprovechamiento del material visto en clase. Nos calificaba cada área del aprendizaje y no nos permitía pasar a la siguiente lección hasta que hubiéramos pasado la anterior. La naturaleza de «Gran Hermano» de este sistema empeoraba las cosas. Trabajábamos en un laboratorio lleno de computadoras, como era de esperarse, pero todas estaban en una red centralizada. El profesor podía entrar a nuestras lecciones en cualquier momento y ver dónde estábamos en el programa. Esto era antes de los días de internet y de las redes internas, así que el concepto parecía muy futurista y un poco intimidante. Como si esto no fuera suficiente, teníamos también que lidiar con la presión del tiempo. Nos daban un tiempo limitado para cada respuesta. Lo que hacía que esto fuera en particular malo, era que nuestra clase, sin que lo supiéramos nosotros, era un grupo de prueba. Nos estaban tomando el tiempo mientras en otra clase igual, que cubría el mismo plan, no lo hacían. Sin embargo, nosotros no sabíamos que éramos los únicos con limitantes de tiempo en nuestras respuestas.

No entraré en detalles sobre cómo me enteré de este secreto, pero lo que supe fue que alguien en la universidad quería ver si los estudiantes aprenderían el mismo material más rápido si se les ponía un límite de tiempo. La idea era interesante excepto que, debido a que era el primer intento de llevar esto a cabo, los maestros no sabían en realidad cuánto tiempo era razonable darle a un estudiante que intentaba calcular respuestas a las preguntas de la computadora. Subestimaron el tiempo por mucho y nadie podía responder las preguntas en el tiempo asignado. Una respuesta correcta pero que tomaba demasiado tiempo para escribirse se consideraba equivocada en la computadora y, por tanto, un fracaso. Nuestra frustración aumentaba debido a que el trabajo en el laboratorio de cómputo contaba como 33% de nuestra calificación final.

El primer día de clases recibimos una hoja con el horario que describía el progreso esperado en la computadora cada día. Prácticamente nadie se acercaba a cumplir este horario y mientras más retrasados más estresados estaban los estudiantes. Un día, el profesor cometió el error de comentar que los estudiantes no estaban al corriente con su trabajo en las computadoras y nos recordó que no olvidáramos el impacto que esto tendría en nuestra calificación. La reacción que recibió fue similar a esas películas del viejo oeste donde un grupo de vaqueros enojados buscaban una buena soga y un árbol adecuado para el linchamiento.

A estas alturas, los maestros no se habían dado cuenta aún de que habían puesto a los estudiantes en una situación imposible. Asumían que el tiempo que proporcionaban era suficiente y justo, y que la razón de las dificultades de los estudiantes era que ellos no estaban aprovechando el periodo del que disponían para realizar la actividad. En realidad, los estudiantes estaban invirtiendo demasiado tiempo, e incluso estaban descuidando otras clases en un esfuerzo por ponerse al corriente con esta. Algunos estaban visiblemente angustiados.

Yo, sin embargo, era inmune a toda esta preocupación porque era un estudiante adulto. Había pagado por mi clase y realmente no me interesaba qué calificación me otorgaran. Me interesaba solamente la información que sería útil para mis esfuerzos en composición musical. No tenía que enviar una copia de mis calificaciones por correo a mis padres, porque era independiente. Como era mayor que el resto de los estudiantes, también tenía una perspectiva de que esta clase no iba a ser determinante en mi vida. Había reprobado antes y seguía aquí. Me sentía casi como un padre sabio que observaba a sus hijos reaccionar a algo que para ellos tenía mucha importancia. Y sabía que, con el tiempo, la clase les parecería totalmente insignificante.

El punto de esta historia es contar cómo los demás estudiantes resolvieron el problema. En pocas palabras, hicieron trampa. Hicieron trampa descaradamente. Cualquiera podía ir al laboratorio de cómputo en cualquier momento. Estaba abierto veinticuatro horas al día, siete días a la semana, y el profesor nunca estaba. Cuando los estudiantes averiguaron cuáles serían las preguntas, escribieron todas las respuestas en un block y entraron al laboratorio con el cuaderno en las piernas. Antes de que la computadora terminara de hacer la pregunta, ellos ya estaban escribiendo la respuesta. Se pusieron al corriente con todo su trabajo, sacaron excelentes calificaciones y sintieron que sus acciones estaban justificadas. Desafortunadamente, aprendieron muy poco o nada sobre teoría musical. Cuando estaba trabajando en las computadoras y hablaba con ellos escuchaba siempre lo mismo: «Esta clase y esta computadora echarán a perder mi promedio». La calificación lo era todo, el conocimiento no significaba nada. Terminaron el curso con un pedazo de papel que tenía un 10 que no significaba nada. No habían aprendido casi nada durante tres meses (el proceso) pero sentían que habían tenido éxito por la calificación que recibieron (el producto). ¿Pero qué ganaron realmente que fuera de valor duradero?

Por otro lado, ¿qué alternativa tenían? Nuestra cultura está orientada hacia el resultado. Las empresas contratarán al candidato con el mejor promedio porque sienten que tiene más que ofrecer. Para ellos, ese promedio representa quién es la persona y cuál es su futuro potencial. Con respecto a esta situación en particular, si un estudiante hubiera dicho: «La calificación no tiene importancia», y hubiera invertido toda su energía en aprender todo lo que pudiera del material, no hubiera tenido una manera válida de representar su logro. Nuestra cultura no reconoce el valor de orientarse al proceso, aunque vemos muchas evidencias en los países que sí lo hacen.

De vuelta a mediados de la década de los setenta, en el mundo corporativo de la manufactura había una revolución. Todos querían automóviles japoneses porque eran de mayor calidad que los estadounidenses. Los fabricantes de automóviles americanos estaban desesperados por comprender por qué sucedía esto y cómo solucionarlo. Pero esta situación no se limitaba a la industria del automóvil. Los pianos japoneses se empezaban a hacer más populares en este país. Algunos tenían nombres que nadie había escuchado antes y que ni siquiera podrían pronunciar bien, pero se podía notar la diferencia en su calidad de cualquier manera. Los japoneses están muy orientados al proceso en sus vidas y en su trabajo. Tuvimos problemas para competir con ellos, porque no podíamos duplicar su ambiente laboral o su manera de pensar que era tan distinta a la nuestra.

Un importante vendedor de pianos, para quien yo realizaba servicios, me contó una historia que, a mi parecer, realmente ilustra las diferencias principales entre las dos culturas. Él había ido a Japón a realizar una visita de la planta que fabricaba el piano que él vendía en su tienda. Mientras recorría la línea de ensamblaje, observó a un trabajador cuya función era preparar el marco del piano (la gran arpa dorada que sostiene todas las cuerdas) después de que la pieza salía del molde. Estos marcos son de hierro forjado y cuando salen del molde se ven bastante burdos. El marco debía esmerilarse y pulirse antes de que se pudiera pintar. Los marcos japoneses terminados son absolutamente perfectos y hermosos. Mientras el trabajador preparaba uno, mi amigo le preguntó cuántos terminaba en un día. El trabajador japonés, confundido, lo vio y le dijo: «tantos como pueda que me salgan perfectos».

Mi amigo preguntó: «¿Pero no tienes un supervisor a quien reportarle tu trabajo?».

«¿Qué es un supervisor?», preguntó el trabajador.

«Alguien que se asegura de que hagas tu trabajo correctamente», respondió el vendedor.

«¿Por qué necesitaría a alguien que se asegure de que haga bien mi trabajo? —preguntó el trabajador japonés—. Ese es mi trabajo».

No podemos concebir remotamente una mentalidad como esta. Si le tomara todo el día hacer un marco perfecto, había hecho su trabajo correctamente y había cubierto las expectativas de la compañía para su puesto. El trabajo requería que se concentrara en el presente y que mantuviera su mente ahí. Al practicar esta manera correcta de pensar, producía el mejor trabajo y conservaba una mente fresca y sin estorbos. Un marco perfecto era más importante que veinte aceptables.

El uso que en Japón dan al concepto de meta, (en este caso un marco perfecto) como timón y como enfoque paciente que propicia un resultado mucho más fuerte a la larga, les permitió aventajar a las fábricas de Estados Unidos. Los japoneses pusieron de cabeza las industrias de manufactura de automóviles y de la música, eso sin mencionar el vuelco que le dieron a la industria de la electrónica.

Nosotros, por otra parte, no podemos esperar nada. Queremos el producto y lo queremos ahora. Nos saltamos el proceso por completo y pasamos al producto. Estamos obsesionados con lograr todo de inmediato. La deuda de las tarjetas de crédito crece desmesuradamente y arruina a muchas personas en el país, porque alimenta esta mentalidad de: «compra ahora y paga después». Las tarjetas de crédito funcionan bajo la premisa de producto antes de proceso, en vez de proceso primero. Esta mentalidad conduce solamente a una sensación general de insatisfacción y vacío. Todos hemos experimentado una situación en la que tenemos muchas ganas de tener algo pero no tenemos el dinero para conseguirlo, así que lo cargamos a la tarjeta de crédito. La satisfacción obtenida al conseguir el objeto, por lo general, desaparece mucho antes de que llegue el primer cobro de la tarjeta.

Tenemos frases que describen nuestra adicción a este estado mental. «Gratificación instantánea» es una de ellas. Sería más acertado definirla como: «gratificación instantánea, satisfacción a corto plazo», porque cualquier cosa que adquirimos de esta manera no tiene un valor real y duradero para nosotros. Seguramente eres capaz de recordar las cosas para las cuales trabajaste duro y pacientemente en tu vida, ¿pero cuántas de esas cosas que lograste sin esfuerzo puedes recordar? Cuando dedicamos nuestra energía al proceso de conseguir algo, ya sea un objeto o una habilidad, y lo hacemos a través de la paciencia y la disciplina, experimentamos una dicha que sencillamente no está presente cuando algo nos llega con demasiada rapidez o demasiada facilidad. De hecho, cuando recordamos algo que intentamos adquirir, el proceso es lo que viene a la mente, no el objeto en sí. Recordamos cómo logramos controlar nuestra naturaleza indisciplinada, la paciencia y perseverancia que desarrollamos, y la dicha y satisfacción que experimentamos en ese momento. Lo que recordamos es eterno porque lo experimentamos nuevamente.

No tengo ningún apego a mi primer carro, por el cual trabajé y ahorré todo un verano hace veinticinco años, pero puedo recordar cada detalle del trabajo que hice para ganar el dinero. Tuve tres empleos simultáneos. Cuando mis amigos estaban en la playa o descansando, yo seguía trabajando y para final del verano era el único que tenía su propio automóvil. En una ocasión, cuando empezaba a impacientarme para comprar el automóvil antes de tener suficiente dinero, mi padre me dijo algo muy profundo. Me dijo: «Te darás cuenta que comprar el coche es mucho menos satisfactorio que trabajar para conseguirlo». Tenía razón y nunca olvidé esas palabras. Cuando compré el coche, fue una decepción relativa comparada con la anticipación de tener lo que había experimentado, mientras trabajaba en pos de la compra.

La perspectiva de «consíguelo ahora mismo» no es solamente individual. Toda nuestra cultura participa en ella en muchos niveles y de muchas maneras. Las corporaciones están mucho más interesadas en las ganancias a corto plazo que en la salud a largo plazo de sus organizaciones o sus empleados. Extrañamente, si le preguntas a la mayoría de la gente, estarán de acuerdo en que esta actitud domina nuestra sociedad pero parecería que todos vamos a bordo de este tren desbocado. Necesitamos aplicar los frenos, y para lograr eso debemos empezar por nosotros mismos. Cuando experimentamos el cambio al momento presente, a la perspectiva de «proceso no producto», sabemos que es el correcto. Nos tranquilizamos. Nuestras prioridades se reajustan y nos sentimos en paz y satisfechos por lo que tenemos y dónde estamos. El dicho antiguo que dice «No existe un destino en la vida; la vida es el destino» tiene un significado real.

Entonces, volvamos a mis compañeros del golf. ¿Qué podría cambiar su experiencia y motivarlos a participar en su meta de mejorar su calidad de juego? Si hubieran cambiado su mentalidad al modo «proceso no producto», la mecánica hubiera sido la consecuencia natural. Hubieran permanecido en el presente y trabajado en sus *swings* con deliberación, con conciencia de su propósito. Sus sentimientos hacia trabajar en su *swing* de golf hubieran cambiado y su falsa sensación de «hasta que sea bueno en esto, no voy a poder disfrutar el juego ni a tener ganas de practicar» hubiera desaparecido. El cambio de mentalidad a «proceso, no producto» hubiera desechado esos sentimientos, y en vez de procrastinar en sus sesiones de práctica, las hubieran anticipado con gusto.

En resumen, entrenar la mente se puede reducir a algunas reglas sencillas:

· Mantenerse orientado hacia el proceso.
· Permanecer en el presente.
· Hacer del proceso la meta y usar la meta general como timón para orientar los esfuerzos.
· Ser deliberado, tener una intención sobre lo que se quiere lograr y permanecer consciente de esa intención.

· Hacer estas cosas eliminará los juicios y las emociones que vienen con la mentalidad orientada al producto y a los resultados.

Cuando permanecemos conscientes de nuestra intención de estar enfocados en el presente, es fácil darnos cuenta del momento en que nos salimos de esta perspectiva. En esos momentos inmediatamente empezamos a juzgar lo que hacemos y qué tan bien lo estamos haciendo, experimentando impaciencia y aburrimiento. Cuando estemos en un momento así, simplemente debemos recordar que nos hemos salido del presente y sentirnos bien por haber tenido la conciencia para reconocerlo. Hemos empezado a desarrollar al Observador Interno, que demostrará ser muy importante en nuestra guía personal.

Se debe comprender que este ejercicio, aunque no es el más sencillo que hayamos emprendido, probablemente sea el más trascendente. Como dije con anterioridad, todas las filosofías y las religiones más importantes hablan a fondo sobre el valor de concentrarse en el presente, para adquirir poder personal y felicidad interior. Si empiezas a sucumbir ante el desánimo, recuerda las palabras del principio de este capítulo: «El problema con la paciencia y la disciplina es que desarrollarlas requiere de ambas».

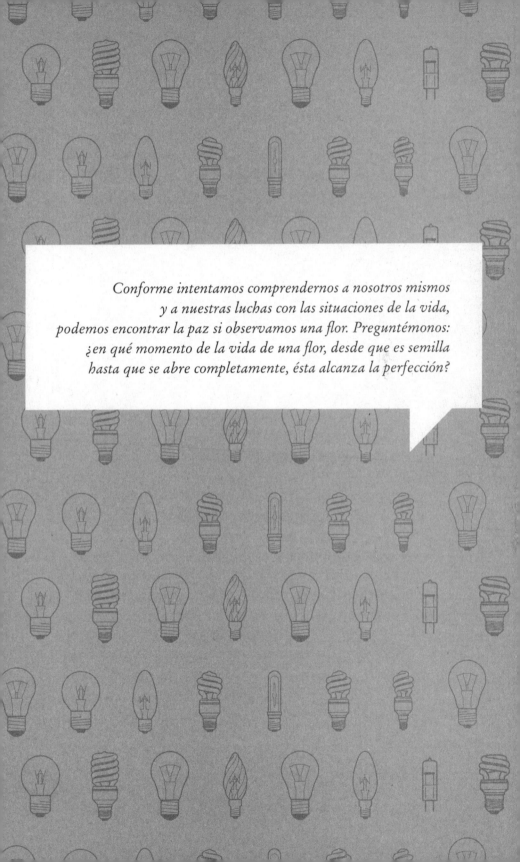

Conforme intentamos comprendernos a nosotros mismos
y a nuestras luchas con las situaciones de la vida,
podemos encontrar la paz si observamos una flor. Preguntémonos:
¿en qué momento de la vida de una flor, desde que es semilla
hasta que se abre completamente, ésta alcanza la perfección?

CAPÍTULO 3

Todo está en la forma de verlo

La mayor parte de la ansiedad que experimentamos proviene de nuestros sentimientos de que hay un punto final de perfección en todo lo que nos involucramos. Donde sea que se encuentre la perfección, no es donde nosotros estamos. De manera continua hacemos un análisis, consciente o inconscientemente, de cada aspecto de nuestras vidas y lo comparamos con aquello que sentimos es ideal, para después juzgar dónde estamos en relación con ese ideal. Tener una casa más grande, ganar más dinero, comprar cierto tipo de automóvil, son partes normales de esta rutina.

Hay una escena muy emotiva en la famosa película (y novela) *El mejor* (*The Natural*). La historia trata sobre un jugador de beisbol que se lesiona justo cuando empieza su carrera en el ámbito profesional. Él tiene poderes casi místicos cuando se trata de jugar béisbol y se supone que se convertirá en el jugador más famoso que jamás hubiera existido. Pero su lesión ocurre bajo circunstancias vergonzosas, así que se pierde de vista durante muchos años. Eventualmente regresa y, aunque ahora es de edad madura, sus increíbles talentos le permiten jugar en un equipo profesional. Se convierte en héroe poco después, pero su lesión, que nunca sanó del todo, resurge y él termina en el hospital.

Es aquí donde ocurre un diálogo profundo, a mi parecer. Mientras él piensa, al lado de su amor de la infancia, cómo podrían haber sido diferentes las cosas, dice: «Pude haber sido mejor, pude haber roto todas las marcas». La respuesta de ella es de una simpleza demoledora: «¿Y luego?». Esa línea de dos palabras tiene mucho poder. Un corredor rompe la marca de la milla en cuatro minutos, ¿y luego? Una solista toca la pieza más difícil en la música en un concierto sin un solo error por primera vez, ¿y luego? Un golfista finalmente baja de 90, un hombre de negocios gana su primer millón, ¿y luego? Todas estas imágenes personales de la perfección se disuelven rápidamente en una imagen más nueva: correr en menos tiempo, tocar una pieza más difícil, jugar mejor al golf , tener más dinero.

El problema con estas imágenes ideales es que tal vez no sean realistas, o siquiera alcanzables; y en general, no tienen nada que ver con la verdadera felicidad. De hecho, estas imágenes nos las entregan los representantes de la mercadotecnia y los medios. Vemos a todas estas personas de aspecto perfecto en la televisión y en las películas, viviendo sus vidas perfectas. En los anuncios de la televisión, esta ilusión se presenta de forma más fuerte: «Compre esto y su vida será maravillosa» o, lo que es peor, «Sin esto, su vida no está completa». Los comerciales de automóviles son particularmente divertidos en su énfasis exagerado de estos mensajes. Presentan la posesión de su auto, en particular, como una especie de experiencia eufórica. En realidad, todos sabemos que los coches son pésimas inversiones que se deprecian más rápidamente que cualquier otra cosa. Y que cuando compramos uno nuevo, gastamos mucha de nuestra energía mental preocupándonos por que lo roben o se maltrate en el estacionamiento del centro comercial. Además, aunque en el anuncio el conductor viajaba por una carretera sola, llena de granjas, caminos alternativos y escenas otoñales; nosotros estamos sentados, atrapados en congestionamientos viales. Sin embargo, los anuncios continúan mostrándonos todos los productos que necesitamos comprar para completar lo que deseamos en nuestras vidas, desde automóviles hasta ropa o refrescos.

Se puede aprender mucho sobre uno mismo, al observar los

comerciales que se trasmiten en el mismo horario que nuestro programa favorito. Podemos estar seguros de que el anunciante gastó mucho dinero averiguando qué perfil de personalidad ve qué tipo de programa, antes de decidir cuáles programas patrocinar. Los anunciantes también van un paso más allá, estipulando para las televisoras qué tipo de programación atraerá un público que estará receptivo a sus anuncios.

Sin embargo, cómo llegamos a estas imágenes ideales de perfección, no es tan importante como hacernos conscientes de la manera en que distorsionan nuestra perspectiva, de dónde nos encontramos en el camino hacia la felicidad. Si estas imágenes son utilizadas como inspiración, pueden ser muy benéficas, pero si se utilizan como punto de comparación, se pueden convertir en nuestra ruina. Por ejemplo, podrías salir a un concierto una noche y escuchar a un solista de piano de clase mundial. Al día siguiente, muy conmovido por lo que viste la noche anterior, podrías decidir empezar a estudiar el piano. Si compras un disco del solista que toca lo que escuchaste el día anterior y lo usas como motivación para practicar, podría ser algo bueno. Pero, si empiezas a analizar tu progreso con base en cómo tocas comparado con el solista (algo que por lo general se hace inconscientemente), estás en camino hacia el descontento; e incluso, puede ser que te frustres tanto que te des por vencido en tus esfuerzos.

Si crees que no haces esto, obsérvate más de cerca. Todos lo hacemos. Por eso la publicidad funciona tan bien. Se vale de tu sentido de «nada estará bien hasta que alcance tal y tal punto». Ya sea que ese punto sea ser dueño de un artículo en particular o alcanzar un estatus específico, eso no es importante. Lo que es necesario para sobreponerse a esta naturaleza es hacerse consciente de que tenemos el potencial de percibir la vida de esta manera, y saber que nuestra cultura refuerza nuestras tendencias hacia esto. Nos vemos en el espejo y juzgamos nuestra apariencia con base en las tendencias actuales de la moda, y si nos ajustamos a ellas. Visita un campo de golf y verás a alguien que azota el palo en el suelo porque un tiro en particular no le salió, quizás porque estaba por encima de sus habilidades. Su ideal y su punto de referencia, sin embargo, es un profesional que vio en la televisión, que juega cinco veces a la semana, que golpea quinientas bolas al día con un entrenador de *swing* observándolo. A eso es a lo que me refiero con imágenes ideales que no son realistas, y tal vez sean inalcanzables. El amateur en cuestión, probablemente, juegue una vez cada siete días, haya tomado unas cuantas clases y le pegue, tal vez, a unas cien pelotas a la semana. Sin embargo, su estándar es el epítome del deporte.

Cuando adoptamos una imagen de la perfección en cualquier cosa, estamos haciendo una desviación importante en nuestro camino hacia la felicidad. Esto es porque la imagen o ideal están congelados y estancados, limitados por su naturaleza. Un ideal implica que es tan bueno como puede ser algo o una circunstancia particular. La verdadera perfección, en contraste, es ilimitada, sin fronteras y está siempre en expansión. Podemos alcanzar una perspectiva mucho más productiva y satisfactoria al estudiar la vida de una flor.

Volvamos a la frase con la que inicia este capítulo: «Conforme intentamos comprendernos a nosotros mismos y a nuestras luchas con las situaciones de la vida, podemos encontrar la paz si observamos una flor». Preguntémonos: ¿en qué momento de la vida de una flor, desde que es semilla hasta que se abre completamente, ésta alcanza la perfección?

Veamos qué nos enseña la naturaleza cada día, cuando pasamos junto a las flores de nuestro jardín. ¿En qué momento alcanza la perfección una flor? ¿Es perfecta cuando es apenas una semilla en tu mano esperando ser plantada? Todo lo que llegará a ser está ahí en ese momento. ¿Es perfecta cuando empieza a germinar escondida bajo varios centímetros de tierra? Ahí es donde empieza a mostrar las primeras señales del milagro que llamamos creación. ¿O qué tal cuando brota en la superficie y ve el rostro del sol por primera vez? Toda su energía, hasta este momento, se ha destinado a alcanzar esta fuente de vida. Previamente, no ha tenido nada salvo una voz interior que le dice en qué dirección crecer. ¿Qué tal cuando empieza a abrirse? En este momento es cuando se empiezan a ver sus propiedades individuales. La forma de las hojas, el número de pétalos: todos son únicos para esta flor en particular, incluso entre flores de la misma especie. ¿O es la etapa de inflorescencia máxima, el crescendo de toda la energía y esfuerzo que la flor utilizó para alcanzar este punto en su vida? Tampoco olvidemos su humilde y silencioso final, cuando vuelve al suelo del que partió. ¿En qué momento es perfecta la flor?

Espero que ya conozcas la respuesta: siempre es perfecta. Es perfecta en todo momento y en toda etapa del crecimiento en que se encuentre. Es perfecta como semilla, cuando es depositada en el suelo. En ese momento es exactamente lo que se supone que debe ser: una semilla. El que no tenga flores de brillantes colores no significa que no sea una buena semilla de flor. Cuando brota por primera vez del suelo, no es imperfecta porque solo tenga el color verde. En cada etapa del crecimiento, de semilla a flor, y más allá, es perfecta en su calidad de flor. La flor debe empezar como semilla, y no se moverá un milímetro hacia su grandeza potencial de florecimiento pleno, sin la nutrición del agua, de la tierra, del sol y también del tiempo. Toma tiempo que todos estos elementos funcionen juntos para producir la flor.

¿Crees que la semilla de la flor se la pasa en la tierra pensando: «Esto va demasiado lento. Tengo que quitar toda esta tierra de mi camino, solamente para llegar a la superficie y ver el sol. Cada vez que llueve o alguien me riega, quedo empapada y rodeada de lodo. ¿Cuándo floreceré? Solo entonces seré feliz; en ese momento todos estarán impresionados conmigo. Espero ser una orquídea y no una flor silvestre que nadie note. Las orquídeas lo tienen todo… no, pensándolo mejor, quiero ser un roble. Son más grandes que todos los demás en el bosque y viven más tiempo»?

A pesar de lo ridículo que nos suena el monólogo de la flor, esto es exactamente lo que nosotros hacemos, y lo hacemos todos los días y de todas las maneras. Consciente e inconscientemente elegimos un punto de referencia en todo lo que hacemos, y decidimos que nada estará bien hasta que lleguemos a ese punto. Si das un paso atrás, y observas tu diálogo interno con regularidad a lo largo del día, te sorprenderán los grandes esfuerzos que haces en contra de ti mismo con este tipo de pensamientos.

Cuando conducimos hacia algún destino, no podemos esperar a llegar ahí. Donde sea que ahí esté, dudo mucho que importe si llegamos quince minutos más tarde de lo que esperábamos. Sin embargo, cuando voy en la carretera, a mi alrededor la gente va violando el límite de velocidad y probablemente nunca se percaten de lo que pasa en torno suyo. Cuando veo el espejo retrovisor, veo a alguien que está irritado con el mundo por interponerse en su camino, veo a alguien que está agotado por la tensión y la presión que ejerce la impaciencia en su cuerpo y mente. Si damos un paso atrás rutinariamente a lo largo del día y observamos dónde hemos concentrado nuestra atención, resulta sorprendente las pocas veces que la encontraremos donde estamos y en lo que estamos haciendo.

Cuando desarrollamos un enfoque de mente presente en cada actividad que realizamos y, como la flor, nos damos cuenta de que en el nivel que sea que estemos desempeñándonos, estamos perfectos en ese momento del tiempo, se experimenta un gran alivio de las presiones, de las expectativas ficticias y autoimpuestas que solo sirven para frenar nuestro avance. En cualquier momento del día que notes que estás aburrido, impaciente, apresurado o decepcionado con tu nivel de desempeño, date cuenta de que te has salido del presente en tu actividad. Averigua dónde se encuentran enfocadas tu mente y tu energía. Te percatarás de que te has alejado ya sea al futuro o al pasado. Subconscientemente tal vez estés concentrado en el resultado o producto que estás tratando de alcanzar. Estos sentimientos, con frecuencia, surgen en actividades que producen un producto tangible, que podría ser cualquier cosa, desde pintar la casa hasta bajar de peso. Yo clasifico esto como una distracción hacia el futuro, porque el producto que quieres alcanzar te está sacando de tu presente y te envía al futuro. Quieres llegar a una «floración plena», y saltarte todo el resto del proceso.

A veces, sin embargo, no es algo tangible lo que nos aleja del presente, sino una circunstancia. Imagina lo siguiente: Estás en la cocina preparando la cena y tu hijo o cónyuge te está contando sobre su día. ¿Estás viéndolo a los ojos cuando te habla? ¿Estás escuchando atentamente a lo que está compartiendo contigo, en ese momento presente, o estás escuchando a medias mientras anticipas ir a alguna parte después de cenar, o estás pensando en algo que le dijiste a alguien en el trabajo, de lo que después te arrepentiste?

Detente durante el día, todas las veces que puedas, y pregúntate: «¿Estoy poniendo en práctica las cualidades como la flor, y me estoy manteniendo en el presente con mis pensamientos y energías?». La naturaleza sabe que funciona porque no tiene que lidiar con un ego. Nuestro ego es lo que nos crea falsas ideas sobre lo que es perfecto, y si ya lo alcanzamos. Como dije antes, la verdadera perfección no es finita. No es un número específico, como el peso o el salario. No es una habilidad puntual, que pueda alcanzarse independientemente de cuánto tiempo o con cuánto esfuerzo te dediques a una actividad. Cualquier persona que destaque en un deporte o arte lo puede decir: su idea de la perfección siempre se está alejando de ellos, siempre está basada en su experiencia y perspectiva presentes. Cuando aprendemos esta verdad, entonces vamos por el sendero hacia la felicidad verdadera y auténtica. Nos damos cuenta de que, como la flor, estamos bien, o, mejor dicho, perfectos, cuando estamos donde estamos y absortos en lo que estamos haciendo en ese momento. Con esta perspectiva, nuestra impaciencia por alcanzar alguna falsa meta, que no nos hará más felices que lo que estamos en este momento, desaparece.

Podemos aprender mucho de la naturaleza, simplemente observando cómo funciona a través de una flor. La flor sabe que es parte de la naturaleza; nosotros hemos olvidado eso. Recuerda, que la razón por la cual nos tomamos la molestia, con un esfuerzo de toda una vida, para alcanzar una mente ejercitada no es poder decir: «Ya dominé la técnica de conciencia del momento presente». Esta sería una declaración basada en el ego. Nos esforzamos en alcanzarla por un motivo: nos acerca a la paz interior y la felicidad que no podemos alcanzar a través de la adquisición de ningún objeto material o estatus cultural. Lo que logramos es atemporal, siempre está con nosotros y tal vez sea lo único que realmente podamos llamar nuestro. La energía requerida para perseguir una actitud de momento presente todos los días nos llega de manera natural, cuando nos damos cuenta de que nuestras actitudes actuales nos dejan con una añoranza por algo que no logramos identificar del todo. A pesar de todos nuestros logros y adquisiciones en la vida, seguimos sintiendo una añoranza por llenar ese vacío interior. Probablemente ni siquiera nos hemos admitido a nosotros mismos, de manera consciente, nuestro vacío pero esa necesidad de respuestas sigue ahí. Si no estuviera, no estaríamos leyendo materiales como este libro.

La conciencia de la mente presente puede ser y es un estado natural, cuando las circunstancias son las correctas. De hecho, todos hemos experimentado este estado mental muchas veces en nuestras vidas. El problema para identificar en qué momentos estamos funcionando en este estado es una paradoja. Cuando estamos totalmente concentrados en el momento presente y en el proceso de lo que estamos haciendo, estamos completamente absortos en la actividad. En cuanto nos hacemos conscientes de lo bien que nos estamos concentrando en algo, ya no nos estamos concentrando. Ahora nos estamos concentrando en el hecho de que nos estábamos concentrando. Cuando lo estamos practicando de manera correcta, no somos conscientes de ello. Solamente estamos conscientes y absortos en el proceso de lo que estamos haciendo en ese momento.

En la Filosofía Zen, este estado se conoce como la «mente de principiante». Cuando eres principiante en cualquier actividad, esta requiere de toda tu concentración, y tu mente se libera de toda distracción vacía. Conforme te vas haciendo más hábil en la actividad, concentrarse solamente en realizarla se vuelve más difícil. ¿Recuerdas cuando aprendiste a conducir un automóvil? Estabas completamente absorto en el proceso de aprender a manejar. Tenías mente de principiante. Ahora, cuando manejas un coche, ya perdiste esa mente de principiante. Ahora escuchas la radio, algo que hubieras considerado una distracción al principio. Estás conversando con alguien en el coche o pensando en lo que tienes que hacer más tarde. Tu mente está en otro sitio y no donde estás, está en otra cosa que no es la que estás haciendo. La próxima vez que vayas en el coche, intenta no pensar en nada que no sea manejar. Intenta mantener tu conciencia en la posición de los otros conductores y lo que están haciendo, concéntrate en cómo se ve el paisaje y cómo están colocadas tus manos en el volante. Si vas solo, trata de detener cualquier diálogo interior y apaga la radio. Te molestará mucho. Te parecerá imposible hacer a un lado tu conciencia de que estás intentando no pensar en nada salvo conducir el coche. Lo que era tan simple y natural, cuando no tenías las habilidades de conducir, parecerá imposible de repetir ahora que eres totalmente competente. El punto de este ejercicio no es hacernos sentir que no podemos lograr este estado mental a través del esfuerzo, sino ayudarnos a comprender cómo nos comportamos y nos sentimos cuando estamos en él.

Esto también es el propósito verdadero de las artes marciales. Hollywood ha hecho que las artes marciales parezcan ser una suerte de acrobacias realizadas por superhumanos, cuya meta es defenderse de cualquier cantidad de oponentes y derrotarlos fácilmente, pero esto dista mucho de la naturaleza original de las artes marciales. Las diferentes formas de artes marciales sirven para enseñar a los participantes cómo funcionar en el presente, y forzarlos a entrar en este estado mental a través de un deseo de autopreservación. El estudiante trabaja diligentemente en todos los movimientos del arte que está estudiando. Estos movimientos son realizados de manera deliberada una y otra vez con intención y con conciencia hasta el hartazgo. Se vuelven totalmente reflexivos e intuitivos.

Cuando dos estudiantes luchan en el cuadrilátero, están totalmente enfocados en el momento presente. Están conscientes de dónde están en relación con su oponente y de qué está haciendo el otro. Observan cada segundo conforme viene y reaccionan de manera instintiva al movimiento del oponente. Cuando tu mente divaga en una situación como esta, rápidamente te vuelves consciente de ello (te lastimas). No hay tiempo de pensar en nada salvo el proceso de ofensa y defensa. En cada segundo, debes estar listo para defenderte o esquivar el avance de tu rival, y hacer tu propia ofensiva cuando la oportunidad se presente. Estos encuentros le dan a los participantes la oportunidad de experimentar la conciencia instintiva y de momento presente, que ocurre en situaciones en las cuales la vida se ve amenazada sin estar realmente en ningún peligro mortal.

Si te imaginas a ti mismo en una situación como esta, verás que, durante una experiencia de momento presente, no puedes estar consciente de ninguna otra cosa salvo de la experiencia en sí misma. Por eso, no podemos observarnos a nosotros mismos cuando estamos practicando la mentalidad orientada al proceso. Lo que sí podemos hacer es utilizar los momentos de cuestionamiento, sobre si estamos concentrándonos en el proceso, para recordar que no lo estamos haciendo.

Aunque no podemos observarnos directamente, cuando estamos funcionando en un estado orientado al proceso, con estado mental en el presente, podemos observar este estado con relativa facilidad en los demás. Uno de los mejores ejemplos de esto es ver a alguien que está jugando un juego de computadora. Verás una práctica perfecta en acción. Los juegos de video ofrecen un entorno natural para atraernos a un estado de conciencia enfocada en el momento presente. En el juego de video, la puntuación es esencialmente el resultado final o el producto que persigue el jugador, pero la diversión está en el juego en sí mismo. El proceso de jugarlo absorbe toda la atención. Si tomamos un segundo para ver cómo va la puntuación, eso puede ser determinante en el resultado del juego. Si observas a alguien que está jugando, verás cómo está completamente enfocado en lo que está haciendo en ese momento. Aunque la mejor puntuación sea la meta final, los participantes están apenas superficialmente conscientes de esto. El proceso de jugar el juego requiere de toda su atención. Si hablas con alguien que está jugando, tal vez ni siquiera te responda porque está inmerso en el proceso. Ver una película puede tener el mismo efecto en nosotros si la encontramos particularmente interesante. Decimos que nos «cautiva» porque captura nuestra atención.

La mayoría de nosotros se da cuenta de que somos muy buenos para practicar de manera correcta durante las actividades recreativas. Realizamos estas actividades con toda nuestra atención en el presente y en lo que estamos haciendo. ¿Cuál es la diferencia, entonces, entre las actividades de trabajo y las recreativas? ¿Por qué nos es mucho más fácil enfocarnos en algo que consideramos juego que en algo que consideramos trabajo? Si podemos encontrar las respuestas a estas preguntas, podríamos progresar en nuestros esfuerzos por lograr un estado mental que permanezca en el presente todo el tiempo.

Me he dado cuenta de que la única diferencia entre los dos tipos de actividades es que las prejuzgamos. Tomamos una decisión consciente de que si disfrutamos una actividad, no es trabajo. Por lo tanto, debemos suspender temporalmente nuestra definición de trabajo, refiriéndonos a nuestra vocación diaria. El trabajo, en esta discusión, se refiere a cualquier actividad que no tenemos ganas de realizar, y a pesar de que puede incluir las obligaciones de nuestro empleo, o al menos partes de él, también podría incluir cualquier actividad que consideremos «indeseable».

Sabemos que este prejuicio sobre si una actividad es trabajo o juego no es universal, porque el pasatiempo de una persona es la tortura de otra. Algunas personas aman la jardinería, otras ni siquiera quieren cortar el pasto. Una noche vi un programa llamado *La dicha de las serpientes*. Para mí, ese título en sí mismo es contradictorio, pero para el conductor del programa era de lo más lógico.

Saber que prejuzgamos nuestras actividades, y luego las colocamos en una de las dos categorías, es muy poderoso. Nos demuestra que nada es totalmente trabajo ni juego. Convertimos una actividad en trabajo o juego dependiendo de nuestros juicios. La próxima vez que te encuentres haciendo algo que realmente no tienes ganas de hacer, haz una pausa y pregúntate por qué. ¿Qué tiene esta actividad que te hace sentir así? Tal vez te des cuenta de que, en muchos casos, no puedes definir claramente por qué no quieres hacer algo. Terminas diciendo «simplemente no tengo ganas ahora». Eso implica que tienes ganas de hacer otra cosa que has definido como «no trabajo». No estás en el presente sino en el futuro, anticipando otra actividad.

Pero, ¿por qué, durante un proceso subconsciente de juicio, definimos una actividad como trabajo y otra como «no trabajo»? Creo que una gran parte de lo que nos hace definir algo como trabajo es que la actividad requiere de la toma de muchas decisiones, lo cual puede ser angustiante y cansado. Esto es especialmente cierto cuando las decisiones que estás tomando son muy sutiles, y ni siquiera estás consciente de que las estás tomando.

En una ocasión, mientras preparaba un piano de concierto para una orquesta y un solista, me encontré pasando por la experiencia de «no tengo ganas de hacer esto». Al intentar identificar exactamente por qué me sentía así, me di cuenta de que era debido a los cientos de decisiones que debía tomar durante el proceso de afinación, y la responsabilidad que esto implicaba. Cuando el solista saliera a tocar esa noche, todos sus años de práctica y preparación saldrían volando por la ventana si yo no dejaba su instrumento funcionando correctamente. Mi tensión provenía de mi preocupación por tomar una decisión equivocada, por la cual se me responsabilizaría. Cuando empecé a examinar por qué me faltaba la confianza sobre algo en lo que había probado mi talento una y otra vez, me di cuenta de que era porque no estaba trabajando en el momento presente. Sabía que no estaba prestando mi total atención a lo que estaba haciendo. Estaba pensando en algo que iba a hacer más tarde ese día y que había definido como «no trabajo». Subconscientemente sabía que no estaba dedicando toda mi energía al proceso de preparar el piano porque, al ser tan hábil para hacerlo, ya había perdido la mente de principiante que mencioné antes. Ya había afinado toda una sección del instrumento y, sin embargo, no podía recordar haberlo hecho porque había estado en el futuro, soñando despierto.

Aquí presento otro ejemplo similar del trabajo que tal vez te suene conocido. Un día, mientras una amiga y yo hablábamos sobre estas ideas, me relató la historia de una situación en su oficina. Esto es lo que me compartió: Una persona de la nómina, que tenía una fecha límite encima para terminar el procesamiento de cientos de cheques, estaba trabajando mecánicamente en su tarea. Bajo la superficie de su mente, había ansiedad palpable sobre lo que tendría que enfrentar si no terminaba su tarea a tiempo y cumplía para el momento acordado. Tal vez tendría que llamar a un supervisor para pedir una excepción y que le extendieran el tiempo. Esta no era tal vez la primera ocasión que se veía obligada a hacer esto, así que se sumaba otra capa de ansiedad. Si no lograba terminar la nómina a tiempo, era posible que los cheques se retrasaran, seguido por correos y quejas telefónicas que debería atender además de su carga de trabajo, ya de por sí pesada. Una llamada de atención era probable y eso tal vez tendría un impacto en su evaluación anual. Y así, la persona de nómina se preocupaba de una y otra cosa.

Toda esa energía de pensamiento la drenaba en el trabajo, y también cuando regresaba a casa por las noches. La jalaba constantemente del presente y la aventaba hacia el futuro, mientras ella consideraba inconscientemente todos estos escenarios estresantes. Bajo una circunstancia diferente, el acto de hacer la nómina podría haber provocado una sensación totalmente distinta, y para algunas personas la tarea ni siquiera hubiera sido algo que definieran como trabajo porque la experiencia que la acompañaba no tenía todos estos «¿Y qué pasaría si...?» distrayéndolos.

En esta situación, incuso cuando salía de su «sitio de trabajo», no podía relajarse. No estaba presente mentalmente con su familia, y tal vez incluso batallaba para estar presente en algo que por lo general definía como «no trabajo». Lo que hacía peor la situación era que de toda esa vasta cantidad de energía que gastaba en imaginarse estos posibles escenarios, nada se iba al proceso de completar la nómina a tiempo, y así eliminar esta tarea de su carga de trabajo. Sin embargo, probablemente no estaba consciente de que todo esto sucedía. Simplemente estaba pensando: «Esto es trabajo y no tengo ganas de hacerlo».

Una noche, me topé con una entrevista de un conocido actor en la televisión. No veo mucha televisión porque siento que, por lo general, no ofrece nada a cambio del tiempo que se invierte en ella. Pero esta entrevista en particular me llamó la atención, porque había escuchado al actor hablar sobre cómo se había metido en la meditación ya como adulto maduro. El punto de su entrevista, en el contexto de este libro, es que decía que se había vuelto muy orientado hacia el momento presente. Le parecía cada vez más difícil planear eventos en el futuro por estar tan involucrado en lo que estaba haciendo en ese momento. Había aprendido que podía disfrutar completamente de cualquier cosa que estuviera haciendo, siempre y cuando mantuviera su mente en el presente, y solo se enfocara en el proceso de lo que estaba haciendo en ese momento. La diferencia que esto hizo en su vida y cómo se sintió fue muy profunda para él.

Intenta imaginar esto la próxima vez que estés haciendo algo que definas como no disfrutable o como trabajo. No importa si es podar el pasto o lavar los platos de la cena. Si la actividad tomará mucho tiempo, piensa que trabajarás en mantenerte en el momento presente, oriéntate al proceso solamente por la primera media hora. Después de eso, podrás odiarlo tanto como de costumbre, pero durante esa primera media hora, no deberás pensar en absoluto en nada salvo lo que estás haciendo. No te irás al pasado ni pensarás en todos los juicios que hayas hecho que definen esta actividad como trabajo. No irás al futuro anticipando cuándo se completará, permitiéndote participar en una actividad que has definido como «no trabajo». Harás solamente lo que estás haciendo en este momento durante media hora. No intentes disfrutarlo tampoco, porque en ese esfuerzo estás involucrando emociones y forcejeos. Si vas a podar el césped, entonces acepta que todo lo que tienes que hacer es podar el césped. Percibe la sensación de la podadora conforme la empujes, y cómo cambia de resistencia con las ondulaciones de tu jardín. Presta atención y corta un camino lo más ancho posible, no te descuides y no pases nuevamente por lo ya podado, como cuando te quedaste admirando al vecino de otro lado de la calle mientras lavaba su auto. Huele la hierba recién cortada, y observa cómo brilla el césped con verdor bajo la luz del sol. Haz esto solamente media hora durante la actividad. Te sorprenderás. Ya que experimentes cómo una actividad tan mundana como podar el césped puede transformarse, tendrás la motivación para continuar, porque el efecto potencial de esto en tu vida, y cómo la percibes, se volverá obvio para ti.

No voy a sugerir que este tipo de pensamiento sea la cosa más fácil de hacer, aunque, como dije antes, ya lo hemos hecho muchas veces de manera natural y sin esfuerzo, al aprender algo por primera vez. En esos momentos, sin embargo, no lo estábamos haciendo voluntariamente, y ahí radica la diferencia. Cuando elijamos en qué actividad empezar a aplicar esta técnica, es mejor empezar con algo hacia lo cual no sintamos emociones intensas. Si, por ejemplo, sospechas que debes 5,000 dólares en impuestos, elegir calcular los impuestos como la primera actividad probablemente no sea una buena idea, el contenido emocional haría mucho más difícil la tarea. Sin embargo, conforme mejores en tu pensamiento de tiempo presente, te darás cuenta del valor que tiene en actividades con carga emocional, para anular el poder que ejercen sobre ti. La mente entrenada te coloca en control de incluso las situaciones más difíciles, y te permite trabajar con menos esfuerzo y emociones negativas en cualquier actividad. Esto produce paz interior y se logra hacer más con menos esfuerzo.

En el siguiente capítulo, discutiremos las técnicas para ejercitar la mente de la manera más sencilla posible.

Los hábitos se aprenden. Elígelos sabiamente.

CAPÍTULO 4

Crear los hábitos que deseamos

Para este momento, deberás poder notar —o, digamos, deberías estar consciente de— varios temas que se repiten en este libro. Uno de estos temas es la conciencia en sí. No puedes cambiar lo que no tienes consciente. Esta verdad es de la mayor importancia en el mundo de la autosuperación. Necesitamos estar más conscientes de lo que hacemos, lo que pensamos y lo que queremos lograr para poder adquirir control sobre lo que experimentamos en la vida.

Pero de hecho, para la mayoría de nosotros, este es un problema porque estamos muy desconectados de nuestros pensamientos. Nos limitamos a tenerlos. Los caballos corren pero nosotros no sostenemos las riendas. Necesitamos convertirnos en observadores de nuestros pensamientos y acciones, tal como el instructor que observa a su estudiante realizar una tarea. El instructor no juzga ni se involucra emocionalmente. Sabe exactamente lo que quiere que el estudiante produzca. Observa sus acciones y, cuando ve algo que va en la dirección equivocada, reorienta la atención del estudiante y lo sitúa de nuevo en el camino adecuado. Un buen instructor no se pone sensible en respuesta al estudiante que se aleja del camino. La emociones negativas provienen de las expectativas y esa no es la perspectiva que buscamos si hemos de ser nuestro propio instructor. Las expectativas están ligadas a un resultado o producto, al pensamiento que sostiene que «las cosas deben ser de esta manera ahora y hasta que no sean así no estaré contento». Cuando experimentamos este tipo de emociones, es un indicador de que nos desviamos del proceso o del momento presente.

Al igual que al lanzar las pelotas de tenis al cubo de basura, debemos observar lo que sucede, procesar la información sin emociones; y después, seguir adelante. Así es como debemos conducirnos cuando nos afanamos en aprender algo nuevo o cuando queremos cambiar algo que no nos gusta de nuestra persona. Esto requiere trabajar también en algo más abstracto, en hacerse más consciente de lo que estamos pensando, convirtiéndonos en observadores de nosotros mismos.

Esta desconexión entre pensamientos y acciones es una forma de pensar que hemos aprendido a lo largo de nuestra existencia y que nos despoja del poder real. Debemos desaprender este enfoque de la vida que se ha convertido en un hábito innegable. Todo lo que hacemos es un hábito, de una forma u otra. La manera en la que pensamos, cómo hablamos, cómo reaccionamos a la crítica, qué tipo de comida nos gusta: todos son hábitos. Incluso cuando nos vemos enfrentados a una circunstancia por primera vez, respondemos a ella por hábito. Los hábitos que hemos aprendido determinan si podemos observar nuestros pensamientos o si aparecen sin previa advertencia en nuestra mente. Podemos considerar benéficos algunos hábitos, otros no tanto, pero cualquier hábito puede reemplazarse a voluntad si comprendemos cómo se formó.

Los hábitos y la práctica están muy relacionados. Lo que practicamos se convierte en un hábito. Este es un punto muy importante porque subraya el valor de estar en control de nuestras mentes. Nuestras mentes practicarán ciertos comportamientos estemos o no conscientes de ellos, y lo que practiquemos se convertirá en un hábito. Saber esto puede funcionar a nuestro favor. Si comprendemos cómo formamos hábitos, y nos hacemos conscientes de cuáles estamos creando; entonces, podemos liberarnos creando intencionalmente los hábitos que queremos, en vez de convertirnos en víctimas de los hábitos que, sin saberlo, permitimos que se conviertan en parte de nuestro comportamiento. Podemos adquirir control sobre quiénes somos y en lo que nos convertiremos en la vida. Pero, ¿cuál es la mecánica que crea un hábito? Saber eso sería muy valioso. Afortunadamente, no hace falta descubrir cómo hacerlo porque alguien más ya lo ha hecho por nosotros.

Los científicos de la conducta y los psicólogos del deporte han estudiado la formación de hábitos, extensamente. Entender cómo se crean los hábitos deseables y cómo se reemplazan los indeseables es de gran valor, en particular en deportes con movimientos repetitivos como el golf o los clavados. De hecho, es común ver a los golfistas practicar ciertas partes de su *swing* una y otra vez, o ver a los clavadistas al lado de la piscina repasando los movimientos de los clavados complejos que están por ejecutar. Están practicando y habituándose a sus movimientos específicos. ¿Qué significa esto? Para mí, cuando se dice que algo es un hábito, significa que es la manera natural en que hacemos algo. Lo hacemos de manera intuitiva, sin tener que pensar. Los estudiantes de artes marciales practican sus movimientos una y otra vez, habituando sus respuestas hasta que no requieren esfuerzo, se vuelven intuitivas e inmediatas. No es necesario un proceso intelectual, al presentarse una crisis, donde el cerebro diga: «Mi oponente está haciendo esto, entonces yo debo hacer lo otro». Las respuestas simplemente suceden porque son una parte natural del comportamiento del estudiante. Eso es lo que estamos buscando. Queremos estar más conscientes de nuestros pensamientos y que esto se convierta en un comportamiento natural, no algo que requiera esfuerzo.

Alcanzar este punto no es complicado. Sí requiere algo de ahínco, pero el esfuerzo es mínimo cuando se comprende el proceso. Lo que se requiere es estar consciente de lo que se quiere logar, saber los movimientos que se deben repetir intencionalmente para alcanzar esa meta, y ejecutar las acciones sin emociones o juicios; simplemente, mantenerse en curso. Se debe hacer esto con la tranquilidad de saber que la repetición intencional de algo, a lo largo de un periodo corto, creará un nuevo hábito o reemplazará uno viejo.

Los psicólogos del deporte han conseguido resultados muy consistentes al estudiar la formación de hábitos. En un estudio se establece que repetir un movimiento en particular sesenta veces al día, durante veintiún días, creará un nuevo hábito que se graba en la mente. Las sesenta repeticiones no tienen que hacerse todas a la vez. Pueden hacerse en seis bloques de diez repeticiones o en dos bloques de treinta repeticiones, a lo largo del día. En los deportes, este tipo de método puede utilizarse para cambiar algún aspecto del *swing* de golf; o para volver natural cualquier otro aspecto del movimiento, que se requiera precisar para practicar de manera óptima un deporte.

Yo practico el tiro con arco. La manera en que se tensa el arco hasta lograr la tensión máxima sumado a cuándo y cómo se respira son parte de una técnica adecuada. Practicar los movimientos correctos muchas veces al día, a lo largo de muchos días, crea el hábito del movimiento que se siente correcto y natural; y después, se hace sin pensar en ello conscientemente. Sin embargo, se puede tensar el arco como sea y respirar agitadamente y eso también se convertirá en un hábito aprendido. Es por eso que se debe estar consciente de que se está formando un hábito, saber lo que se quiere lograr y repetirlo con esfuerzo intencional.

Reemplazar los hábitos indeseables funciona de la misma manera. Tengo la certeza de que todos hemos intentado cambiar algo que llevamos mucho tiempo haciendo de cierta forma. Inicialmente, la nueva manera se siente muy rara y torpe porque el movimiento va en contra del hábito viejo. Pero tras un periodo corto, a través de la repetición deliberada, la nueva manera se siente normal y regresar a la manera anterior se sentiría extraño. Entender esto le restó mucha ansiedad a mi proceso de aprender algo nuevo. Perseverar en el proceso de hacer algo nuevo se volvió mucho más sencillo, porque ya no experimentaba la anticipación que proviene de no saber cuánto tiempo tardaría en aprender. Simplemente podía relajarme y repetir el ejercicio, manteniéndome en el proceso con la certeza de que el aprendizaje estaba ocurriendo. Sí, requería esfuerzo, pero no tenía esa sensación de forcejeo. He hecho uso de este proceso extensivamente para refinar mi juego de golf o aprender nuevos pasajes de música, pero también en algunos cambios relacionados con la personalidad.

Cuando identificaba algo en mi comportamiento que me estaba afectando o que producía resultados indeseables, me daba cuenta de que ya había cumplido con la parte de concientización de la mecánica. Entonces decidía objetivamente dónde quería llegar y qué movimientos me llevarían ahí. A continuación, trabajaba en esos movimientos sin emoción, sabiendo que a través de muchas repeticiones intencionales, en un periodo corto de tiempo, podría crear el comportamiento que buscaba. No había necesidad de angustiarse. Simplemente me mantenía haciéndolos y sabía que estaba donde debía estar en ese «justo» momento, y que estaba convirtiéndome en lo que quería ser, logrando lo que necesitaba lograr.

Este proceso funciona muy bien. Y mientras más lo veamos en acción, más confianza generará en nuestra capacidad para moldearnos y convertir nuestra vida en lo que deseemos.

Pero, ¿qué sucede si lo que se quiere es reemplazar un hábito improductivo —como ver demasiada televisión o reaccionar de manera negativa ante los comentarios mordaces de un compañero de trabajo— con un hábito deseable, uno que esté más en línea con la persona que se desea ser? ¿Cómo se detiene la inercia de un viejo hábito? Para ayudarnos con esto, se puede utilizar la técnica del detonador. Para nuestros propósitos, el detonador es un dispositivo que sirve para iniciar el proceso de creación del nuevo hábito. Es como la alarma de un despertador, un silbato o una campana que alerta sobre el inicio de una situación, donde se quiere reemplazar la respuesta previa con la nueva que se ha elegido. Una de las funciones del detonador es detener el flujo de la respuesta emocional en una situación, y regresar a la postura del momento presente, sin juicios, para poder retomar el control de nuestros actos. El detonador nos devuelve de golpe a la conciencia, y nos recuerda que es momento de comprometerse con el proceso que ya se ha decidido. El detonador es una señal muy simple para uno mismo.

Puedo dar un ejemplo de un detonador en los deportes, debido a que trabajo con muchos golfistas que compiten en torneos semanales. Antes de identificar el detonador, primero creamos lo que se conoce como una rutina previa al tiro. Su propósito principal es aumentar la uniformidad en los tiros, apartándolos de las emociones de situaciones como: «necesito que este sea un buen tiro o perderé el partido» o «no puedo creer que no le atiné a ese putt en el último agujero» o «espero no fallar en el siguiente». La rutina previa al tiro convierte la situación tensa en una rutina cómoda y objetiva, en la cual el golfista dice: «Esto es lo que necesito hacer, así que ahí voy». Eso es todo, no es de vida o muerte.

En la rutina previa al tiro, los golfistas primero reúnen datos sobre qué es lo que quieren lograr. Esto se hace de manera muy académica, sin pegarle a la bola; e idealmente, sin emociones. Los golfistas discuten qué meta quieren alcanzar y cómo pueden lograrla. Si alguna vez has visto golf profesional en la televisión, habrás observado esta discusión entre los jugadores y sus caddies. Pero en el mundo del golf junior, generalmente no hay caddies y la discusión es un diálogo que cada golfista tiene consigo mismo. Apliquemos esto al escenario laboral antes mencionado, cuando pensamos: «Cada vez que mi compañero hace un comentario irritante, tiendo a reaccionar de manera negativa y esto no me está sirviendo. Así que cuando esta situación suceda de nuevo, debo realizar una acción diferente».

Esta nueva acción es la que se debe convertir en hábito. Debemos reconocer que los encuentros emocionalmente cargados se cuentan entre los más difíciles para crear nuevos hábitos de respuesta. Porque los viejos hábitos, que queremos cambiar, surgen de las emociones que experimentamos inmediatamente. Esas emociones seguirán existiendo sin importar lo que hagamos, así que necesitamos adelantarnos a ellas, si es posible, para que podamos elegir conscientemente qué haremos a continuación. Los golfistas, de hecho, practican por su cuenta las rutinas previas al tiro, una y otra vez, hasta que se vuelven tan naturales y cómodas que se convierten en un refugio mental, al cual se pueden retirar cuando sienten estrés.

Se puede crear una rutina «previa al tiro», que funcione de la misma manera en el trabajo. Hay que decidir cuál será la reacción que se quiere ejecutar, en la seguridad de un marco mental carente de emociones o juicios. En este estado, se puede ser completamente objetivo y elegir y decidir sin la carga mental o emocional. Al igual que el golfista, no es mala idea practicar las respuestas: Imaginemos que el compañero de trabajo dice algo agresivo sin motivo o hace un comentario que no venga al caso. Entonces, podemos imaginarlo como alguien que no tiene ningún poder sobre nosotros. Lo observamos con un distanciamiento casi divertido mientras decidimos calmadamente cómo responder.

Sin embargo, como ya dije, todavía necesitamos nuestro detonador. Nos permitirá empezar las rutinas que hemos diseñado y practicado con tanto cuidado. Es el caso de los golfistas, ellos pueden acumular datos y tomar decisiones pero, tarde o temprano, tendrán que hacerlo en el campo, donde todo cuenta. El tiro se tendrá que realizar. En este momento, entra en acción el detonador. Es un movimiento sencillo que recuerda al golfista que debe empezar la rutina. Podría decirse que sirve para decir: «que empiece la fiesta». Si se presta atención a estos detonadores, se pueden detectar en los movimientos sutiles de los golfistas, como arreglar los hombros de sus camisas, tocarse el lóbulo de la oreja o girar el palo entre sus manos. Todos son ejemplos del detonador que, para ese golfista, anuncia «mi rutina empieza ahora».

Volvamos al trabajo y encontremos un detonador que,

como decía, nos permita adelantarnos a las emociones para poder ejecutar la respuesta que teníamos planeada, y lograr así crear el hábito de una nueva reacción al compañero problemático. Con la gente difícil, suele ser sencillo encontrar un detonador: la persona simplemente se presenta. Cuando haga un comentario desagradable, se puede utilizar ese primer brote de emoción —la sensación de ofensa o enojo— como el detonador. Es muy reconfortante saber que al permanecer presente en un esfuerzo como este, y tener la intención predeterminada de cómo reaccionar, esa intención logrará, con sorprendente rapidez, llegar al rescate y brindar una ligera ventaja de control personal necesaria para mantenerse adelantado a la reacción. Así, esta nueva reacción se vuelve continua. La ejecución, de la reacción planeada, genera bienestar al proteger la paz interior y el esfuerzo se ve recompensado. Esto proporciona más energía mental y emocional para persistir en el esfuerzo. Y entonces, empieza a formarse un nuevo hábito. Eventualmente, todo el proceso se pierde en un segundo plano y nos habituamos a este comportamiento al vernos en situaciones similares.

Si lo que se pretende es reemplazar el hábito de sentarse dos horas frente a la televisión, con la lectura de un buen libro o una caminata, el detonador podría ser la acción de coger el control remoto; y así, detener el proceso y cambiar a la nueva rutina de pensar: «Ups, ahí viene ese impulso de invertir tiempo en ver algo que realmente no mejorará mi estado de ánimo».

Estar consciente de que cualquier movimiento, físico o mental, es un hábito y que se posee el poder de elegir qué hábitos crear es muy liberador. El control está en uno mismo. Es importante recordar también que, si surgen emociones como frustración, ya nos hemos alejado del proceso. Ha vuelto la falsa sensación provocada por pensar «hay un lugar distinto a donde estoy en este momento, y ahí es donde debo estar; solo entonces estaré feliz». Esto es totalmente falso y contraproducente. Por el contrario, estamos exactamente donde debemos estar en este momento. Somos la flor.

Toda la paciencia que necesitarás ya se encuentra dentro de ti.

CAPÍTULO 5

¡El cambio de percepción crea paciencia!

En una ocasión, mi madre, que murió de cáncer hace varios años, hizo una observación sobre ella misma. La reflexión surgió por estar lidiando con su enfermedad. Vale la pena compartirla.

Mientras estuvo enferma, leyó varios libros que la reconfortaron y la hicieron más consciente de su naturaleza espiritual. Esta rutina diaria le dio una perspectiva tranquilizante en momentos que sin duda fueron difíciles. Aunque trataba de mantener la rutina, hubo momentos en los cuales, por la razón que haya sido, se alejaba tanto de la lectura como de sus pensamientos sobre lo que había leído. Un día me comentó que mientras perseveraba en este esfuerzo, su proceso de pensamiento estaba más elevado y evolucionado. Se sentía distinta sobre ella misma y su vida, a la vez que disfrutaba de una acrecentada claridad y perspectiva sobre su situación. También notaba que alejarse de sus lecturas propiciaba que cayera en la mentalidad de «no tengo tiempo» u «hoy no tengo ganas». Sentía cómo iba deslizándose de vuelta a estas actitudes improductivas que, desafortunadamente, prevalecen en el mundo de hoy. Al hablar sobre su lectura, decía: «Es necesario seguir repasando estas ideas para poder conservar claridad y perspectiva. De otra manera, la vida se las roba». Revisar constantemente nuevas ideas genera, en cierta forma, un nuevo hábito para percibir y procesar nuestras vidas, un hábito que nos brinda la sensación de claridad que requerimos diariamente.

Tomé algunas de sus palabras cuando estaba escribiendo. No se plantean muchas ideas en este libro; solo unas cuantas, que siempre han estado esperando que las descubramos. No obstante, en la vida diaria nos eluden con gran facilidad. Es necesario repasarlas una y otra vez, desde ángulos diferentes para que convertirlas en una parte natural de nosotros. Estamos practicando aprenderlas en este momento.

A veces me es imposible leer un libro de corrido debido a mis horarios. Tal vez lea dos capítulos hoy y otro en tres días. He notado que, cuando esto sucede, suelo tener dificultad para recordar ciertos argumentos que me parecieron muy valiosos al leerlos. Quería que mi libro se pudiera abrir en cualquier momento y empezarse a leer en cualquier página. Quería que mis lectores pudieran recordar las pocas ideas planteadas sin tener que realizar un gran esfuerzo y sin la necesidad de volver varias páginas atrás para encontrarlas. Quería recalcar la noción de que regresamos constantemente al mismo puñado de soluciones a nuestros problemas percibidos, y empezamos a comprender que la vida no es tan complicada como pensábamos. Cambiar nuestra experiencia de la vida está a nuestro alcance pero debemos repasar y practicar estas ideas una y otra vez, para que la vida cotidiana no nos las robe antes de que se conviertan en una parte natural de quiénes somos y cómo funcionamos. Por eso, reitero varias ideas a lo largo del libro. También quería destacar la interrelación de estos conceptos y las interconexiones con las virtudes que todos quisiéramos poseer.

La paciencia es un buen ejemplo de esta virtud. La paciencia probablemente esté entre las cualidades más buscadas por todos. La paciencia se define en el diccionario como una «silenciosa perseverancia». Estoy de acuerdo con la definición, pero la paciencia también contiene una cualidad de calma que marca su apariencia externa. Estoy hablando de la paciencia en general, ya sea que estemos en un congestionamiento vial, hablando con alguien que está pasando un mal día o enseñándonos paciencia mientras trabajamos con las ideas de este libro. ¿Pero por qué es tan difícil que logremos ser pacientes?

Quizá sea más sencillo acercarnos a esta pregunta desde el ángulo de la impaciencia, porque todos estamos más familiarizados con la sensación de estar impacientes. Notamos que estamos impacientes porque tenemos emociones negativas. Cuando eres paciente con algo, la vida parece ir bien. Ciertamente no hay ansiedad ligada a estar en un estado paciente. Pero cuando te encuentras impaciente por algo, tu experiencia se vuelve completamente distinta.

Experimentar impaciencia es uno de los primeros síntomas de no encontrarse en el momento presente, de no hacer lo que se está haciendo y de no mantenerse orientado al proceso. Mantenerse en el momento presente es una de las lecciones más difíciles de aprender. Siempre nos estamos saliendo del «ahora» y dejamos que nuestras mentes nos lleven hacia quién sabe donde.

He observado mi mente muchas veces a través de prestar atención a mi diálogo interno. Pasa de una discusión a otra sin que tengan relación alguna. Me recuerda que pague una cuenta, compone una pieza musical, resuelve un problema, piensa en una respuesta aguda e irónica que debía haber hecho ayer cuando alguien me molestó, y así sucesivamente. Todo esto sucede mientras me estoy bañando por la mañana. En ese momento, mi mente está en todas partes salvo donde realmente estoy, en la ducha. Mi mente está anticipando circunstancias que no han tenido lugar todavía, e intentando responder preguntas que ni siquiera se han planteado. Existe un nombre para esto: se llama preocupación. Si se obliga a la mente a mantenerse en el momento presente, y a no desviarse del proceso de lo que está haciendo, puedo garantizar que muchos problemas desaparecerán.

Conozco un dicho: la mayor parte de las cosas por las cuales nos preocupamos nunca llegan a suceder. Pensar en una situación antes de estar en ella solo sirve para dispersar energía.

«Pero —me dirás—, tengo una junta complicada mañana y quiero tener mis pensamientos en orden antes de encontrarme en esa situación». Muy bien, en ese caso, se puede designar media hora para sentarse a repasar mentalmente cómo saldrá la junta, manteniendo el enfoque totalmente dentro de esa situación y no hacer ninguna otra cosa. En la calma de ese momento de desapego, sin hacer caso a las emociones, se puede planear el diálogo y anticipar las posibles combinaciones de respuestas de la otra persona. Posteriormente, se practican las respuestas para observar cómo se sienten. ¿Estas respuestas tendrán el efecto deseado? Solamente se está haciendo una cosa ahora. Se está en el presente y en el proceso. La energía no se desperdicia intentando hacer todo esto mentalmente a la hora de la comida o camino al trabajo. Este constante diálogo interno, esta conversación interminable, trae consigo una sensación de urgencia e impaciencia por la intención de lidiar con algo que todavía no pasa pero que quisiéramos que sucediera.

El primer paso hacia la paciencia es hacerse consciente de cuándo el diálogo interior está desbocado y llevándonos a rastras. Cuando no se está consciente de que esto sucede, lo cual probablemente es la mayor parte del tiempo, no se tiene el control. La imaginación nos lleva de una circunstancia a la otra y las distintas emociones se van disparando solas conforme reaccionan ante cada problema que la mente visita. Para liberarse de este ciclo interminable y agotador, debemos dar un paso atrás y percatarnos del yo real, del observador, que está mirando en silencio todo el drama según transcurre. Al ir practicando mantenernos en el presente, nos haremos más consciente de la diferencia entre el yo real y el diálogo interno del ego, sin siquiera intentarlo. Sucederá de manera automática. Mantenerse en el presente y en el proceso es la primera parte del cambio de perspectiva que crea paciencia.

El segundo paso, para crear paciencia, es comprender y aceptar que no hay tal cosa como alcanzar el punto de perfección en ningún ámbito. La verdadera perfección siempre está en evolución, siempre está presente, dentro de nosotros, tal como la flor. Lo que se percibe como perfecto siempre es relativo al sitio donde nos encontramos en cualquier área de la vida. Consideremos a un marinero que intenta alcanzar el horizonte. Es inalcanzable. Si el marinero ve el horizonte como el punto que debe alcanzar para lograr ser feliz, está destinado a experimentar una eterna frustración. Trabaja todo el día en el barco, navega y controla las velas pero, para cuando anochece, no está más cerca del horizonte que lo que estaba al amanecer. La única evidencia que tiene de que está moviéndose hacia adelante es el camino que su bote va dejando detrás. No puede ver las vastas distancias que realmente está recorriendo gracias al simple hecho de mantener el viento en sus velas, y al hacer el esfuerzo constante de controlar el barco.

Observa las cosas que sientes que necesitas para lograr crear tu vida perfecta y repásalas bien en tu mente. Tal vez quieras más dinero. Tal vez pienses que eso te hará feliz. Esa es la mayor falsedad jamás perpetuada por los humanos. ¿Cuándo se tiene suficiente dinero? Las personas más ricas del mundo siempre quieren más y les preocupa perder lo que ya tienen. Con esta manera de pensar no se alcanza la paz nunca. Ese sentimiento de «estaré contento cuando pase x», jamás brindará nada salvo infelicidad.

La vida tiene una cualidad interminable. Siempre hay algo más por experimentar. En el fondo, sabemos esto y nos sentimos complacidos por tenerlo. El problema es que la vida diaria nos roba esta sensación. Nos aleja de esta perspectiva y constantemente nos bombardea con anuncios que prometen satisfacernos a través de adquisiciones: «Compra esto, haz esto otro, y la vida será perfecta». Pero nunca funciona. Necesitamos dejar ir esa idea insustancial de que la felicidad se encuentra en algún sitio y aceptar el crecimiento infinito del cual disponemos como un tesoro, no como algo que nos sentimos impacientes por superar.

Las personas involucradas en las artes comprenden esta naturaleza interminable a través de la experiencia directa, que forma parte de todas las artes. Por eso, creo que la búsqueda personal de alguna forma de arte es tan importante para la sensación de bienestar de una persona. Puede revelar la verdadera naturaleza de la vida de primera mano, si se está prestando atención.

Empezar a practicar un arte de adulto no es difícil, pero se debe empezar desde la perspectiva adecuada. Ya sea en el aprendizaje de cómo tocar un instrumento musical o pintar, bailar o tirar con arco, es importante encontrar primero un instructor que satisfaga las necesidades de cada alumno. Esta es una tarea relativamente rutinaria para la mayoría de nosotros. Lo hacemos por nuestros hijos todo el tiempo. Lo que probablemente nos aguarda para emboscar nuestro entusiasmo es la falta de preparación: estamos emprendiendo el aprendizaje de un arte infinito, de un arte que siempre tiene potencial de crecimiento. Y debido a eso, necesitamos prepararnos para olvidar la meta de hacernos «buenos» en esta actividad rápidamente. La única meta por alcanzar es realizar la actividad.

Esta no es una perspectiva sencilla desde la cual funcionar, porque es muy contraria al resto de las cosas que hacemos todo el día. En el trabajo, el reporte debe entregarse, la junta es a las 2 p.m., y así sucesivamente. Todas las tareas tienen un inicio, un proceso y un cierre. Nos embarcamos en un arte para escapar de esta mentalidad constante de terminar tareas, para deleitarnos en la relajación total que fluye de comprender que lo que estamos haciendo no tiene final. Donde estemos en nuestros procesos es donde debemos estar.

En mis últimos años de adolescencia, dos incidentes cambiaron mis percepciones sobre el arte y la vida; y como resultado, generaron que tuviera mucha más paciencia.

El primero sucedió poco después de que empezara mis estudios de improvisación de jazz, bajo la tutela de quien tal vez era el mejor pianista de jazz de mi área. Su nombre era Don. Al terminar una de mis clases, Don empezó a improvisar en el piano mientras yo empacaba mis cosas. Nunca había conocido a alguien que tocara el piano tan bien como él. Se había ganado su talento tras años de una ética de práctica sólida. Además, el trabajaba tocando el piano, y a veces tocaba entre siete y ocho horas diarias. Mientras tocaba, Don me decía que sentía que si no empezaba a trabajar más, nunca sería realmente un buen pianista. Este comentario despreocupado me sorprendió mucho. Le comenté que si yo pudiera tocar el piano tan bien como él me sentiría satisfecho con no hacer nada en todo el día salvo escucharme tocar.

Me vio y sonrió. «Sabes, Tom, eso es exactamente lo que yo le dije a mi maestro hace años, al escucharlo tocar por primera vez». Don había estudiado con un pianista de renombre mundial que tocaba música clásica y jazz. Yo había escuchado las grabaciones de su maestro y era muy bueno. Sin embargo, me parecía que si alguien podía alcanzar el nivel de habilidad de Don en el piano y seguir sintiéndose insatisfecho, yo tendría que reevaluar tanto mis motivaciones para estudiar el instrumento como mi necesidad de alcanzar cierto nivel de «perfección» para poder estar satisfecho.

El segundo acontecimiento surgió como consecuencia del primero cuando yo tenía diecinueve años. Llevaba poco más de un año estudiando con Don. Intentaba, sin mucho éxito, tocar un pasaje de música. Sentía frustración y algo de autocompasión por no lograr satisfacer mi estándar de desempeño. En mi mente, no estaba progresando a la velocidad necesaria. Decidí que tenía que escribir todo lo que debía lograr musicalmente si había de cumplir con mis propios criterios de buen músico. La lista incluía ser capaz de tocar ciertas notas difíciles con fluidez, tocar frente a un público numeroso y cosas por el estilo.

Una noche varios años después, me encontraba en otra sesión difícil, esta vez en un pequeño salón de práctica de la universidad. Recuerdo estar pensando que nunca mejoraría, sin importar qué tanto me esforzara. Deprimido, decidí terminar por esa noche. Al empezar a empacar mis cosas, se cayó un trozo de papel de uno de mis libros de música. Era ese plan musical a cinco años que había hecho cuanto tenía diecinueve. Ahora tenía veintidós y lo había olvidado por completo. Me senté y empecé a leer la lista. Lo que leí me tomó por sorpresa y me causó una impresión perdurable.

Había logrado todo lo escrito en la lista en menos de tres años, no cinco. De hecho, había hecho cosas musicalmente que ni siquiera podía imaginar hacer cuando tenía diecinueve años. Sin embargo, no me sentía distinto. No me sentía más feliz con mi música ni más talentoso como músico. Mi horizonte se iba alejando de mí. Mi concepto de buen músico provenía ahora de otro marco de referencia. Entonces tuve una revelación que me tomó varios minutos desarrollar por completo. Me di cuenta de que no existía ese punto de excelencia musical que finalmente me liberaría de la sensación de que debía ser mejor. Comprendí que no existía un punto que pudiera alcanzar en el cual finalmente sintiera que lo había logrado, que era tan bueno como tenía que ser y que no había necesidad de mejorar nada porque ya había alcanzado mi meta. Esto fue una epifanía. Al principio sentí temor y una sobrecogedora depresión, pero estas sensaciones fueron inmediatamente sustituidas por dicha y alivio de la misma magnitud. Supe que estaba experimentando la conciencia que todo verdadero artista alcanza. Es la única manera de desarrollar la energía necesaria para continuar en el estudio infinito.

Experimenté una sensación de libertad al saber que nunca dejaría de tener espacio para crecer. Percibí la paz de saber que la carrera había terminado. Donde me encontraba en ese momento era donde debía estar, dada la cantidad de esfuerzo que había invertido. Vi el camino recorrido detrás de mi bote por primera vez y me di cuenta de que me movía hacia adelante, y bastante rápido, de hecho. Pero la verdad más importante que se me reveló en ese momento fue la siguiente: mi verdadera dicha se encontraba en mi capacidad de aprender y experimentar mi crecimiento, momento a momento. El proceso de descubrir la habilidad de crear música, que siempre había estado dentro de mí, era la meta y la alcanzaba en cada segundo de práctica. No cometía equivocaciones, se trataba de un proceso de descubrimiento sobre qué funcionaba y qué no. Ya no me sentía en una lucha permanente por ascender una montaña hacia un cenit musical imaginario que completaría mi vida. Me di cuenta de la naturaleza infinita de la música y sentí alivio en vez de sentirme intimidado o frustrado.

Ese momento marcó el principio del cambio en mi conciencia sobre cómo me enfrentaba a las situaciones de la vida, que requerían de un esfuerzo constante a lo largo de un periodo largo. Ese cambio sutil en la percepción —y eso era lo único que había sido— me generó paciencia ilimitada conmigo. Me volví paciente ante mi progreso. No solo dejé de prestar atención a mi progreso, sino que dejé de buscar el progreso por completo. El progreso es el resultado natural de mantenerse concentrado en el proceso de hacer algo. Cuando te mantienes con un propósito, enfocado en el momento presente, la meta viene hacia ti con una sencillez libre de fricciones. Sin embargo, cuando te enfocas constantemente en la meta que quieres alcanzar, la vas alejando en vez de acercarla a ti. Cuando la atención está fija en la meta y evaluamos la posición alcanzada comparando nuestra posición con ella en todo momento, solo confirmamos que aún no la hemos alcanzado. En realidad, se debe reconocer que la meta está ahí solo de vez en cuando, y utilizarla como el timón que permitirá mantenernos en curso.

Es como nadar para cruzar una laguna en dirección al árbol grande que está del otro lado. Hay que concentrarse en mantener la cabeza abajo, y en jalar el agua de alrededor con cada brazada. Llenamos los pulmones de oxígeno y luego exhalamos con relajación, volteando a ver la posición del árbol en la costa distante de vez en cuando, para conservar la sensación de orientación. Hacemos esto con un desapego total, o al menos con todo el desapego posible. Nos decimos «Un poco más a la izquierda, así está mejor». Sin embargo, si tratamos de mantener la cabeza por arriba del agua todo el tiempo, y no separamos la mirada del árbol mientras medimos cuánto nos hemos acercado tras cada brazada y patada, desperdiciaremos enormes cantidades de energía. Sentiremos frustración, agotamiento e impaciencia. Las emociones entrarán en juego, haremos juicios sobre nuestro progreso perdiendo el impulso. Toda esta energía desperdiciada se puede enfocar en alcanzar el otro lado de la laguna, pero en vez de esto se disipa en el esfuerzo incorrecto, con la producción de emociones negativas. La lucha contra nosotros mismos nos aleja de la meta. Alcanzar ese árbol nos tomaría mucho más tiempo; y eso, si es que lo alcanzamos.

En nuestra cultura, hemos olvidado este concepto por completo. No solo tomamos el camino opuesto y lo hacemos al extremo, sino que estamos tan enamorados con alcanzar la meta de nuestros esfuerzos, que perdemos la vista del verdadero objetivo. Ilustraré esto con dos ejemplos.

A principios de la década de 1970, al visitar cualquier centro comercial del los E.U. que tuviera una tienda de música, se podía encontrar un vendedor demostrando lo que yo llamo un órgano electrónico automático. Esos instrumentos estaban diseñados para la gente que quería aprender a tocar el órgano pero al mismo tiempo quería tocarlo de inmediato. No deseaban pasar años practicando para lograrlo. Los fabricantes de órganos detectaron esta oportunidad y se dedicaron a explotarla, diseñando un teclado que fuera atractivo para esta personalidad.

En caso de que nunca hayas estado expuesto a uno de estos teclados baratos, funcionaban así: por lo general se presionaba una tecla con la mano izquierda y una con la derecha, y el órgano tocaba todo el arreglo de la canción seleccionada. Estos órganos venían programados con toda la música popular de actualidad, además de canciones viejitas. Esa música mostraba qué nota, y quiero decir cada nota, presionar con cada dedo para tocar las canciones favoritas. En resumen, el teclado sabía cómo crear el acompañamiento para la pieza basado en las teclas presionadas. Al tocar una nota con la mano derecha creaba los acordes necesarios para hacer que la canción sonara como si se hubiera practicado mucho tiempo. Como solo se necesitaban dos dedos para tocar, era posible tocar arreglos completos con un par de palillos chinos.

¿Tuvo éxito la venta de estos órganos? Ciertamente. La gente adoraba la idea de impresionar a sus amigos, que se sorprendían de lo bien que podían tocar de repente. Los vendedores que los demostraban sí sabían tocar, pero eso no se discutía normalmente, a pesar de que agregaban una que otra nota aquí y allá. Incluso si los clientes se percataban, querían creer que podrían tocar instantáneamente, así que no hacían caso de esta información. Tocaban una nota aquí y otra allá y el órgano producía una obra equivalente a, digamos, la de un estudiante intermedio. Todo el tiempo se la pasaban diciendo «Puedo tocar». «Claro que no —yo pensaba para mis adentros—. No estás tocando. El órgano está tocando, y se está divirtiendo mucho más de lo que tú jamás podrás concebir».

El punto en esta historia es obvio, pero muchos de nosotros no lo vemos. No funciona hacer trampa a la disciplina. La gente que compró estos órganos con la esperanza de experimentar que tocaban el instrumento, no comprendía que presionar botones no es lo mismo que tocar y no sabían que no importaba cuántos botones presionaran, seguirían sin saber cómo se sentía tocar música de verdad. Expresar una melodía en cualquier instrumento, como brota del corazón, es una experiencia que debe ganarse. El universo no lo regalará salvo a quienes le dediquen esfuerzo personal. Al trabajar en el proceso de aprender música, pasas tiempo a solas con la energía de la música; lo mismo ocurre con cualquier arte. Es una relación muy honorable, en verdad. Necesitas a la música para expresarte y la música te necesita para ser expresada. Le dedicas tu tiempo y energía a la música y te devuelve el esfuerzo multiplicado por mil. Mucha de la dicha de expresarse musicalmente yace en la conciencia de cuánta energía e ímpetu personal requirió alcanzar el nivel actual de desempeño.

Es justo pensar que todos conocemos esta ley universal en algún nivel de nuestro ser. Ya sea al perseverar en una dieta, al hacer ejercicio de manera constante, al correr un maratón o al perseguir otra meta personal, si la tarea se completa con poco o ningún esfuerzo, no significa nada. Por eso, estos teclados dejaron de venderse muy pronto. Y fui testigo de cómo estos órganos juntaban polvo en las salas de la gente. Nunca vi a alguien tocándolos. Esto es porque la experiencia de tocarlos era superficial y aburrida. La consecuencia más triste de esto es que la gente que los adquirió tal vez sintió que aprender a tocar un instrumento musical no era tan mágico como pensaban antes.

El segundo ejemplo es uno que todos conocemos: las tarjetas de crédito. Las tarjetas de crédito, a pesar de ser convenientes y ciertamente necesarias en ocasiones en el mundo moderno, son también una forma de gratificación instantánea, aunque tal vez debería llamarse gratificación insignificante. Las tarjetas nos permiten saltar al resultado final sin ningún esfuerzo. Se puede comprar lo que sea con facilidad, y sin tener que trabajar o esperar a tener los recursos financieros necesarios que requiere la posesión de ese objeto. Incluso, nos permiten darnos el lujo de inventar una excusa para no esperar, ya que nos prometemos pagar la cuenta total en cuanto llegue el cobro de la tarjeta, al final del mes. Algunas personas sí hacen esto, por supuesto, pero la mayoría no. A esto se debe el creciente número de gente con problemas de deudas crediticias, que han sido creadas por ellos mismos.

Al igual que los teclados automáticos, las tarjetas de crédito generan la sensación de estar haciendo trampa a la paciencia, que tenía la intención de hacernos esperar antes de conseguir algo. «Lo quiero ahora y lo tendré ahora». Darle el pedazo de plástico al vendedor es fácil, y mucho más conveniente que cargar con efectivo. Habrá tal vez personas que ni siquiera estén conscientes de que si no se paga la deuda dentro del periodo de gracia, lo adquirido puede salir hasta 18% más caro de lo que dice la etiqueta. Mucho antes de que llegue el estado de cuenta, la emoción por tener este objeto ya ha desaparecido. ¿Por qué? Porque no requirió ningún esfuerzo.

Volvemos a esa verdad universal que simplemente no desaparece, así que más valdría aceptarla de una vez y utilizarla para mejorar nuestras vidas en vez de resistirnos a ella: la verdadera emoción de obtener algo, ya sea un objeto o una meta personal, es la anticipación al momento de conseguirlo. La verdadera dicha está en crear y mantener la energía y paciencia necesarias para luchar por algo a lo largo de un periodo. Al igual que al nadar en la laguna en dirección al árbol, nos concentramos en cada momento de nuestro esfuerzo hacia el objeto, y reconocemos que el objeto está ahí solo de vez en cuando para conservar nuestra energía y dirección. Cuando llega el momento final de adquirirlo, ya hemos generado una tremenda cantidad de energía. Nos hemos ganado el privilegio de adquirir el objeto, y esa adquisición es la culminación de todo el proceso: la disciplina, el trabajo, el control, la paciencia. Finalmente lo tenemos en nuestras manos. La recompensa se siente mucho mayor que cuando lo conseguimos tras una simple llamada o sacando la tarjeta.

Hay demasiada gente que no entiende este punto. Consideran que el proceso de trabajar por algo es un esfuerzo molesto, que tienen que atravesar para conseguir lo que quieren. El objeto es la meta, en vez del proceso de conseguir ese objeto. Conseguir el objeto produce una utilidad muy pequeña de dicha interna, comparada con los dividendos extraídos del proceso de llegar ahí y alcanzar la meta. La palabra clave aquí es alcanzar. Obtener la meta y alcanzarla son mundos distintos. La mayoría de la gente pasa sus vidas en una caminadora sin fin: consiguen una cosa tras otra pero no obtienen ninguna experiencia de dicha duradera o crecimiento personal.

Para cambiar la perspectiva, es necesario en primer lugar empezar por darse cuenta de esta verdad y, en segundo, ser consciente de los momentos en que se está en el proceso de trabajar hacia una meta particular. Tras tomar la decisión de adquirir algo que requiera de un compromiso a largo plazo, debemos elegir la meta y después hacernos conscientes de que estamos entrando al proceso de alcanzarla. No es posible hacer esto si constantemente nos estamos enfocando en el resultado final. La meta se ha reconocido; ahora hay que dejarla ir y concentrar la energía en la práctica y el proceso de acercarse a esa meta.

Al soltar el apego al objeto deseado, al enfocar nuestro deseo a la experiencia de mantenernos concentrados en llegar a lo que se anhela, entonces estamos cumpliendo ese deseo cada minuto que permanecemos pacientes, dentro de nuestras circunstancias. No hay razón para no ser pacientes. No se realiza ningún esfuerzo, y de nada sirve «intentar ser pacientes» en este enfoque. La paciencia es simplemente la consecuencia natural del cambio de perspectiva. Este cambio es muy pequeño y sutil por un lado, pero tiene un enorme poder liberador. Ninguna tarea parece demasiado grande para ser realizada. La confianza crece al igual que la paciencia hacia uno mismo. La meta siempre se está alcanzando y no hay errores o límites de tiempo que generen estrés.

Para usar la música como ejemplo, nuevamente, supongamos que estás intentando aprender una pieza, y te aproximas a esto desde una nueva perspectiva. La experiencia será totalmente diferente de lo que se suele anticipar, al estar aprendiendo a tocar una composición musical. En el modelo viejo, tendrías la convicción de que no alcanzarías la felicidad ni te sentirías «exitoso», hasta poder tocar la pieza sin fallas. Cada nota equivocada, cada momento de lucha con la pieza, sería la confirmación de que no se ha alcanzado la meta. Sin embargo, si la meta es aprender a tocar esa pieza, entonces la sensación de lucha se disuelve. En cada momento de esfuerzo por aprenderla, se está alcanzando la meta. Una nota incorrecta es tan solo parte de aprender a tocar la correcta; no se trata de un juicio sobre tu habilidad para tocar. En cada instante que pasas con el instrumento, estás aprendiendo información y adquiriendo energía que servirá para otras piezas de música.

La comprensión de la música y la experiencia de aprenderla van en aumento. Y todo esto sucede sin sensaciones de frustración o impaciencia. ¿Qué más se le puede pedir a un simple cambio de perspectiva?

¿Existe alguna técnica que contribuya a integrar esta mentalidad a la vida diaria? La respuesta es: sí. En los siguientes capítulos de este libro, explicaré las técnicas que he aprendido en muchas áreas de la vida y que pueden servir para cambiar de perspectiva y obtener paciencia. Estas técnicas pueden implicar un reto a nuestras mentes occidentales, pero son sencillas de entender y he intentado definir la mayoría de ellas con una o dos palabras claves. He notado que, con estas palabras claves, es mucho más sencillo recordar las técnicas cada vez que surjan situaciones frustrantes. Repasar estas técnicas de vez en cuando, ayudará a lidiar mucho mejor con la constante orientación de nuestra cultura de: «producto, no proceso». Pongámonos a trabajar.

La simplicidad en el esfuerzo conquistará las tareas más complejas.

CAPÍTULO 6

Es simple, chico

Con esta frase es sencillo recordar las cuatro palabras necesarias: simplificar, lento, chico, y corto: «Simp-le, chi-co». Como se podrá ver, estos conceptos están muy relacionados y se entrelazan unos con otros. Al ir desarrollando el control de una mente entrenada, es importante trabajar de una manera que simplifique, en la medida de lo posible, mantenerse en el proceso. Estas cuatro técnicas, cada una básica y directa por su cuenta, pueden contribuir a lograrlo.

Simplificar. El trabajo en un proyecto específico o actividad, se puede simplificar separándolo en las secciones que lo componen. No se deben establecer metas demasiado ambiciosas. Las metas irreales crean frustración e invitan al fracaso, lo cual puede provocar dudas sobre nuestras capacidades. El éxito para lograr cada meta sencilla generará motivación, que a su vez, continuará impulsando el proceso, y evitará la fatiga mental experimentada cuando el bocado que se toma es más grande de lo que se puede masticar.

Chico. Hay que ser consciente de la meta general, y recordar utilizarla como el timón o faro distante que nos ayude a mantener el curso. Adicionalmente, se debe dividir la meta general en segmentos chicos que se puedan alcanzar con una cantidad manejable de concentración. Enfocarse en pequeñas secciones es más sencillo que enfocarse en la tarea completa, y hacerlo así resultará en un éxito repetible.

Lo pequeño, o chico, al igual que las otras técnicas, puede aplicarse a la vida diaria en general, no solo a tareas específicas. Se puede aplicar a un programa de acondicionamiento físico, o a limpiar la cochera un sábado, o a desarrollar un cambio de perspectiva que resulte en más paciencia. Limpiar la cochera es una actividad que la mayoría de la gente consideraría digna de posponerse indefinidamente. Pero cuando deba hacerse, es recomendable dar un paso atrás y examinar los sentimientos que provoca esta tarea. Resultará claro que tendemos a calcular la energía que sería necesaria para realizar la tarea completa. La labor total por terminar parece enorme. Este punto de vista conlleva muchos juicios y emociones negativas. Nos llenamos de anticipación y es posible que digamos cosas como: «Hay tantas cosas por mover. ¿Debo conservar eso o tirarlo? ¿Alguna vez volveré a necesitar aquello? La cochera es un desastre y limpiarla requiere de mucho tiempo, energía y muchas decisiones que no tengo ganas de tomar después de una semana de trabajo. Lo que quiero es relajarme». Todo este diálogo interno no tiene nada que ver con limpiar la cochera y, sin embargo, resulta agotador.

Se puede simplificar la tarea enormemente si se separa en secciones chicas: «Voy a empezar con esta esquina y limpiaré solo hasta la ventana. Eso es todo. No me voy a preocupar con las cosas que están junto a la puerta ni en las repisas. Solo me concentraré en esta esquina». Ahora estamos lidiando con una tarea pequeña que no tiene las cualidades abrumadoras de la totalidad del trabajo.

Corto. Ahora también podemos pensar en la parte corta de la ecuación: «Voy a trabajar en la limpieza de la cochera por cuarenta y cinco minutos al día durante los siguientes días hasta que esté completamente limpia». Es posible sobrevivir a casi cualquier cosa durante cuarenta y cinco minutos. Solamente se debe lidiar con una esquina de la cochera por cuarenta y cinco minutos y se habrá terminado por el día. Si consultamos el reloj y nos alejamos de la tarea después de esos cuarenta y cinco minutos nos sentiremos en control y satisfechos de que la meta de una chochera limpia se acerca. No hay frustración. Se ha simplificado la tarea separándola en segmentos chicos y exigiéndonos solo un periodo corto de concentración. Estamos practicando el arte de limpiar la cochera perfectamente.

Lento. Incorporar la lentitud en el proceso es una paradoja. Con lento quiero decir que se debe intentar trabajar a un ritmo que permita prestar atención a lo que se está haciendo. Este ritmo será distinto dependiendo de cada personalidad y la tarea implicada. Si la actividad es lavar el auto, es posible mover la esponja a un ritmo suficientemente lento y que permita observar cada acción con detalle. Esto difiere de, digamos, el paso lento al cual se aprende un nuevo programa de computadora. Si se está consciente de lo que se hace, entonces probablemente el trabajo esté realizándose al ritmo adecuado. La paradoja de la lentitud es que resultará evidente que la tarea se terminará más rápido, y con menos esfuerzo porque no se está desperdiciando energía. Inténtalo y verás.

Otro aspecto interesante de la lentitud deliberada es la manera en que cambia la percepción del paso del tiempo. Como toda la energía se va en lo que se está haciendo, se pierde la noción del tiempo.

Ponte a trabajar, utilizando la frase: «Simple, chico».

En mi negocio de servicio a pianos, la demanda por mis habilidades personales a veces excedía por mucho las horas que podía trabajar al día. En muchas ocasiones, trabajé semanas de siete días, y días de catorce y dieciséis horas, durante largos periodos. En una ocasión, me encontraba ante un día de servicio muy largo y decidí que pondría todo mi esfuerzo en trabajar con deliberada lentitud. Trabajar de esta manera puede sonar contraproducente, pero había estado dedicando demasiadas horas al aspecto profesional de la ecuación de mi vida, y me sentía desequilibrado. Estaba cansado y frustrado. No podía tomarme el día libre, así que trabajar más lentamente, al menos durante un día, sonaba atractivo.

Debía empezar con la preparación de un gran piano para un solista invitado de la sinfonía local. Iba a ajustar el piano del solista en la mañana, junto con un segundo piano que usaría la orquesta en el concierto. Después, daría servicio en dos estados diferentes; y de ahí, debía regresar a la sala de conciertos en la noche, para hablar con el solista y volver a revisar los dos pianos. La carga de trabajo era, más o menos, dos y media veces la cantidad que se considera un día completo en el negocio. Tenía que cumplir con un horario: «Tienes que estar aquí a las 7:30 a.m. y allá a más tardar a las 10 a.m»., y así sucesivamente.

Cuando empecé con el primer piano, hice un esfuerzo por avanzar despacio. Abrí mi caja de herramientas muy lentamente. En vez de tomar un puñado de herramientas para ahorrar tiempo, tomé cada herramienta una por una. Las coloqué cuidadosamente en posición. Cuando empecé a preparar el piano, realicé cada proceso de manera individual, deliberadamente intentando trabajar con lentitud.

Intentar trabajar pausadamente provoca sentimientos extraños. Al principio, tu diálogo interno te grita que te despiertes y aceleres el paso. Exclama: «¡Nunca vamos a terminar! ¡Estás desperdiciando tiempo!». Te recuerda todo el día de trabajo qué falta por terminar, para lograr obtener la aprobación de todos. Es posible sentir cómo empieza a acumularse la ansiedad y las emociones empiezan a flotar a la superficie. Esto sucede porque trabajar lentamente va en contra de todos los sistemas de pensamiento en el mundo actual. Sin embargo, el ego pronto pierde terreno por la simplicidad de realizar solamente una cosa a la vez, y por hacerla lentamente, a propósito. El ego se queda sin espacio para acumular tensión que resulte en barullo interior. Se puede trabajar lentamente solo si se hace de forma deliberada. Ser deliberado requiere mantenerse en el proceso, trabajar en el momento presente.

Después de terminar el primer instrumento, incluso me tomé el tiempo de empacar mis herramientas con meticuloso cuidado para caminar tres metros, volverlas a desempacar lentamente y empezar a trabajar en el segundo piano. Por lo general me llevaba dos puñados de todo lo que pudiera cargar y corría entre las sillas del escenario intentando ahorrar tiempo. Sin embargo, así no sería hoy. Estaba decidido a ejecutar mi plan de trabajar exclusivamente con lentitud. Pasamos demasiado tiempo apurando todo lo que hacemos. Apurarse se había convertido tanto en un hábito, que me sorprendió la cantidad de concentración que requirió trabajar lentamente a propósito.

Me quité el reloj para no sentirme tentado a ver la hora y permitir que eso influyera en mi paso. Me dije: «Voy a hacer esto por mí y por mi salud, tanto física como mental. Tengo un teléfono celular y, si es necesario, puedo llamar a quien haga falta y decirles que voy tarde y que es lo mejor que puedo hacer».

Ya en el segundo piano, empecé a darme cuenta de lo bien que me sentía. No sentía mariposas en el estómago, ni la anticipación de lograr sobrevivir al día, y no sentía tensión en los músculos de los hombros y el cuello. Lo único que notaba era un sentimiento relajado, pacífico y de qué-lindo-día. Me atrevería a describirlo casi como placentero. Lo que se puede hacer en un estado apresurado, es sorprendentemente más sencillo cuando se hace con deliberada lentitud. La verdadera revelación para mí llegó, sin embargo, al terminar el segundo piano. Lentamente guardé mis herramientas, una por una, con toda mi atención en cada detalle. Continué el esfuerzo de lentitud incluso al salir caminando a mi camioneta, que estaba en un estacionamiento a una cuadra de distancia. Caminé lentamente, prestando atención a cada paso. Tal vez suene extraño, pero era un experimento. Estaba sintiendo una sensación agradable de paz, durante una situación que por lo general me tensaba cada músculo del cuerpo. Quería ver qué tan lejos podía llevar esta sensación.

Cuando entré a la camioneta, el reloj se encendió al dar vuelta a la llave y me quedé anonadado. Había pasado tan poco

tiempo comparado con lo que generalmente me tardaba realizando el mismo trabajo, que estaba seguro que el reloj estaba
mal. Debo recalcar, que el trabajo que acababa de realizar lo
había hecho repetidamente por muchos años. Había ajusta-
do estos pianos juntos tal vez cinco o seis veces por semana,
así que tenía una noción muy real del tiempo necesario para
hacerlo. Saqué mi reloj del bolsillo. Marcaba la misma hora
que el del coche: había reducido más del cuarenta por ciento
del tiempo normal. Había intentado trabajar lo más lentamente posible, y estaba seguro de que iba por lo menos con
una hora de retraso. Y no obstante, había trabajado más rápido (lo cual no parecía posible dada mi atención a la lentitud)
o había hecho más lento el tiempo (noción interesante, pero
pocos la creerían). De cualquier manera, me sentí suficientemente motivado para continuar con el experimento a lo largo
del resto del día. Me adelanté tanto a mi horario que incluso
pude darme el lujo de comer de manera civilizada, en un buen
restaurante en vez de mi usual sándwich en la camioneta o en vez
de saltarme la comida.

He podido replicar estos resultados, de manera consis-
tente, cada vez que me he esforzado por ser deliberadamente
lento. He usado esta técnica en todo, desde lavar los platos
después de la cena hasta las tareas monótonas de restauración de
pianos, que no me parecen muy disfrutables. Lo único que me
echa a perder la estrategia son las ocasiones en las cuales me falta
energía, y me doy cuenta que estoy divagando entre trabajar
lentamente y sucumbir a la sensación de que debo realizar una
tarea de manera rápida.

Se notará que estos cuatro componentes forman, en realidad,
parte del mismo proceso. Cada uno necesita y crea al otro. Al
trabajar lentamente, las cosas se vuelven más simples. Si se quiere
simplificar algo, se debe separar en partes más chicas y trabajar
más lentamente en cada parte. Como es necesario un esfuerzo
para desarrollar y perseverar en los cuatro componentes, será más
sencillo alcanzar el éxito si se divide el tiempo dedicado a trabajar

en cada uno de ellos en intervalos cortos. Parecerá mucho más sencillo continuar haciendo el esfuerzo si se hace de esta manera.

Por ejemplo, cuando decidí trabajar en la lentitud durante ese día particularmente largo, no me propuse hacerlo todo el día, aunque sabía que era la meta. Me planteaba metas como «Veamos si puedo colocar mi caja de herramientas en el piso lentamente, abrirla y poco a poco sacar mis herramientas para preparar el primer piano». Cuando terminaba eso, decía «Veamos ahora si puedo afinar la sección media del piano de manera lenta». Y así sucesivamente. Simplifiqué todo el proceso dividiéndolo en secciones más chicas, que requerían que me concentrara por periodos cortos. Trabajar de esta manera me mantenía completando cada tarea con éxito, y poco a poco, me acercaba a la meta de mantener mi esfuerzo de mente presente durante todo el día, sin que en realidad lo estuviera intentando.

Un ejercicio que utilizo para empezar mi día dentro de este marco mental es lavarme los dientes lentamente. Esto suena como algo sencillo, hasta que lo haces cada vez que te lavas los dientes. Hacemos tantas cosas en automático. No nos percatamos de que no estamos presentes en la actividad, simplemente, porque es automática y requiere muy poca atención. Si te cepillas los dientes lentamente, entonces debes prestar atención y eso te obliga a estar en el momento presente. Es un ejercicio de entrenamiento muy útil, para enseñar conciencia del momento presente por diversas razones. No toma mucho tiempo, así que no es tan demandante como para que pierdas el interés en el ejercicio, o sientas que es demasiado como para poder lograrlo. Es algo que todos hacemos varias veces al día por necesidad, lo cual ayuda a convertir el marco mental de lentitud en un hábito. Finalmente, cuando se yuxtapone con un día estresante y lleno de actividades, nos da la experiencia de cómo se siente detenernos un poco y estar completamente presentes en una actividad.

Al empezar a utilizar estas técnicas, parecerán muy difíciles. Esto se debe a que nos hemos formado el hábito de no trabajar de esta manera hace mucho tiempo, y nuestra cultura no promueve esta manera de pasar el día. Nos estamos alejando de todo lo que se nos ha enseñado, al adentrarnos por este camino y empezar a incorporar esta perspectiva en nuestra manera de ver las cosas.

Recuerda, es posible aplicar estas simples reglas a cualquier parte de la vida y a cualquier actividad. Al ir evolucionando en esta área, el observador interior se hará más y más aparente. Serás capaz de observarte a ti mismo en la vida diaria; serás más y más consciente de cuándo estás viviendo en el momento presente y trabajando en el proceso, y cuándo no. Pero esto no significa que la mente podrá conservar el control sobre todo, todo el tiempo. La mentalidad que nos desvía de esto, surge al volver a caer en esa mentalidad de «perfección», que anuncia: «solamente cuando haga esto todo el tiempo habré logrado mi meta». Aceptar que este es un esfuerzo de por vida, y que al principio el progreso pasará casi inadvertido, es parte de la lección que hay que aprender. No debemos dejar de pensar en la flor. Independientemente de la etapa de crecimiento y evolución en la que estemos. En todo momento, somos perfectos en ser quienes somos.

No juzgar es el camino a una mente tranquila.

CAPÍTULO 7

Ecuanimidad y HOC

La ecuanimidad se define como un temperamento equilibrado y calmado. Ciertamente, parecería ser una cualidad necesaria para la felicidad en la vida. La ecuanimidad es una virtud que vale la pena desarrollar. ¿Cómo se consigue la ecuanimidad? ¿Cómo introducimos esta cualidad a nuestra experiencia de la vida, y cómo la conservamos?

Una señal de que alguien posee esta virtud es que no se ven alterados con las altas y bajas de cada momento de su vida. Las cosas simplemente no parecen molestar a estas personas. ¿Por qué? Es porque la ecuanimidad proviene del arte de no juzgar. Esto tranquiliza el diálogo interno de nuestras mentes.

Juzgamos todo en la vida, y la mayor parte de manera inconsciente. Desde que despertamos en la mañana, empezamos a juzgar. Incluso juzgamos lo que sucedió mientras dormíamos: «Tuve un mal sueño» o «Dormí muy bien». Juzgamos todo lo que se nos atraviesa durante el día. Cada experiencia, cada palabra emitida, se evalúa y se juzga, filtrándola a través de nuestras opiniones y nuestras experiencias pasadas. Esto es necesario. Es la manera en la que tomamos todas nuestras decisiones, ya sean de mucha importancia o relativamente insignificantes. Por ejemplo: «Quiero este cereal para desayunar». Esto significa que consideré todas las opciones disponibles para desayunar e hice un juicio en contra de todo lo que no quiero esta mañana. Tal vez mañana haré un juicio en contra del cereal y a favor de los huevos.

El juicio requiere del proceso de evaluación, el proceso de comparación. Esto requiere un punto de relatividad, un ideal. Como mencioné anteriormente en el libro, los juicios siempre están basados en una idea preconcebida de la perfección. Siempre hay un artículo, experiencia o circunstancia imaginarios e ideales que nos permiten e incluso nos obligan a juzgar. Comparamos la situación presente con un ideal o una previa de la misma naturaleza. Cuando no eres consciente de que estás haciendo juicios, éstos se perpetúan, y el «ideal» siempre evoluciona.

Al ver una película y decir: «Estuvo buena», se está comparando ya sea con una o más películas vistas en el pasado, juzgadas como buenas o malas o con algún concepto de lo que es una película ideal. Si se compara con una película vista en el pasado, habrá que considerar qué hizo buena o mala a esa película. Esa respuesta es un juicio. Ya sea que la película actual se juzgue como buena o mala, la experiencia de verla, evaluarla y por último, juzgarla, se sumará a la noción subconsciente de lo que es una película «ideal». Este ideal evoluciona, porque las percepciones y prioridades evolucionan a lo largo de la vida. Una película que parece buena a los treinta años, no se ajusta a los mismos criterios que la que parecía buena a los siete.

Los juicios son necesarios para que funcionemos en la vida, pero tienen sus desventajas: no se realizan con una naturaleza desapegada. Por lo general, involucran alguna emoción y la cantidad de emoción es proporcional a la importancia percibida del juicio. «El desayuno ideal esta mañana sería un cereal marca x, pero no hay, así que desayunaré huevos». Este no es un juicio particularmente emocional, pero sí se experimenta un cierto grado de decepción. «Mi trabajo ideal sería uno en esta ciudad, pero hay una vacante en otro estado. Así que aceptaré este nuevo empleo y alejaré a mi familia de nuestros amigos». Esto es una situación distinta. Las emociones en este juicio son mucho más pronunciadas, porque esta decisión tiene un gran impacto en la vida del individuo y la de los miembros de su familia. Sin embargo, las emociones que se experimentan no tienen nada que ver con la ejecución de la decisión. En realidad, las emociones impiden pensar claramente y provocan un forcejeo mental en lo que se toma la decisión de cuál es la mejor alternativa.

Yo tengo licencia de piloto privado. Cuando, como estudiante, estás trabajando para obtener tu certificado, te enseñan a volar el avión con base en procedimientos y a no permitir que las emociones entren a tus decisiones. En algún momento del entrenamiento, el instructor de vuelo jalará la palanca del motor y lo detendrá, por lo general en un momento que no lo esperas, y te dirá: «Acabas de perder un motor. ¿Qué vas a hacer?». Lo que vas a hacer es el procedimiento que te han enseñado, el que has practicado una y otra vez, tanto, que se convierte en un hábito natural. Una de mis instructoras me dijo que quería que cada vez que me subiera al avión, repasara el procedimiento de «falla de motor», antes de hacer cualquier otra cosa. También me instruyó que fuera lo último que hiciera antes de salir del avión. Me dijo que si hacía esto, si la situación se llegara a presentar alguna vez en la vida real, no habría emociones, pánico ni diálogo externo que me robara segundos vitales. Tomaría las decisiones y las ejecutaría.

Esta práctica funciona. La evidencia de ello se puede ver en los heroicos aterrizajes de emergencia que hacen los pilotos comerciales, y privados por igual. En una ocasión, escuché la grabación de una conversación sorprendente entre un piloto corporativo y un controlador de tráfico aéreo. El piloto volaba entre una densa niebla, y ciertos instrumentos críticos estaban fallando. Estaba volando de noche y entre montañas, mientras el controlador de tráfico aéreo le decía cuándo girar y qué altitud y dirección mantener. El piloto no podía ver nada por la ventana, y un movimiento en falso resultaría en un terrible choque. Aunque sus emociones sin duda estarían golpeando insistentemente en la puerta de su mente, gritando para que les hiciera caso, no ejercían ningún poder sobre él. Él y su copiloto estaban inmersos en procedimientos practicados, operando con total ecuanimidad. No estaban juzgando la situación para nada, simplemente reaccionaban a ella. En ese momento en el tiempo, juzgar su circunstancia hubiera traído consigo emociones cegadoras que podrían haber significado la pérdida de sus vidas. El controlador de tráfico aéreo estaba tan orientado al proceso como el piloto y el copiloto. Sabía que las vidas de los pilotos dependían de que él operara libre de emociones. Fue una conversación increíble, que demostraba que se funciona mejor cuando no se opera bajo la influencia de emociones, y de la elaboración inconsciente de juicios.

Las emociones ligadas a un juicio provienen de la sensación de «Esto es correcto y esto está equivocado», «Esto es bueno y esto es malo». Lo correcto y lo bueno nos hacen felices, mientras que lo equivocado y lo malo nos hacen sentir molestos o mal. Sentimos que las cosas correctas y buenas por lo menos se acercan al ideal, mientras que las equivocadas y malas se alejan de él. Todos queremos estar felices y tener vidas ideales, pero lo que constituye el bien y el mal no es ni universal ni constante. Cuando encarcelaron a Galileo, hace cuatrocientos años, por su observación de que la Tierra no era el centro del sistema solar, se le consideró un hereje que hablaba directamente en contra de Dios. Sin embargo, hoy nos damos cuenta de que estaba entre los pocos que conocían la verdad. En vez de estar equivocado y mal, resultó que estaba en lo correcto y bien.

Si siguiéramos a un niño de tres años a lo largo de su vida, preguntándole periódicamente su definición de «lo ideal», obtendríamos una respuesta distinta en cada edad. A los tres años, tal vez solo quiera un juguete en particular. A los diez, tal vez una bicicleta y no ir a la escuela. A los diecinueve, una beca para la universidad y salir con cierta persona. Para los treinta, sus ideales tal vez serían un empleo bien remunerado, una familia y un cónyuge atractivo. A los cincuenta, tal vez quiera cambiar de cónyuge y jubilarse pronto. A los setenta, tal vez quiera vivir quince años más o tener diez años nuevamente, y regresar a la escuela para corregir todos los errores que había cometido, y entonces sí tener una vida ideal.

Nuestros conceptos de ideal y perfecto siempre están cambiando. Lo que consideramos bueno o malo para nosotros no permanece inmóvil. Por supuesto, en lo que respecta a lo que es correcto o equivocado, no nos estamos refiriendo a las verdades eternas, como la noción de que está mal quitarle la vida a alguien. Estamos hablando de las evaluaciones y juicios que hacemos de manera inconsciente, en cada segundo de nuestras vidas, y que echan a andar a nuestras emociones, provocándonos mucha ansiedad y estrés.

¿Qué se puede hacer con este hábito improductivo? ¿Cómo se puede escapar de este ciclo perpetuo? En primer lugar, debemos hacernos conscientes del momento exacto en nos dejamos absorber por el proceso de juzgar. La mayoría de nosotros hacemos juicios todo el tiempo, así que no será necesario esperar mucho para que aparezca la primera oportunidad de observarnos siendo partícipes de este acto agotador. Y luego tendremos una oportunidad especial: la oportunidad de conocer esa presencia tranquila, que no juzga y que existe en todos nuestros corazones.

Debemos ocuparnos de alcanzar más objetividad en la conciencia de nosotros mismos. No podemos refinar ninguna parte de nuestro proceso mental, si no estamos separados de esos procesos. Al principio, esto parece un concepto confuso, pero con el cambio más leve en la percepción, se aclara. Si se está consciente de lo que se hace, eso implica la presencia de dos entidades involucradas: una que está haciendo algo y otra que está consciente de, u observando, lo que se hace. Cuando hablas contigo mismo, probablemente pienses que eres tú quien habla. Eso parecería razonable, pero ¿quién te está escuchando hablar? ¿Quién está consciente de que estás observando el proceso de un diálogo interno? ¿Quién es esta segunda persona que está consciente de que estás consciente?

La respuesta es: el verdadero yo. El que está hablando es el ego o la personalidad. El que está consciente en silencio es quien realmente eres: el observador. Mientras más cerca nos alineemos con el observador silencioso, menos juzgamos. El diálogo interno empieza a apagarse, y nos desapegamos de los diversos estímulos externos que nos inundan todo el día. Finalmente, empezamos a distinguir el diálogo interno desde una perspectiva imparcial (y a veces divertida).

En ciertas ocasiones mi ego está duro y dale insistiendo en algo que alguien me dijo y que «él» consideró «irritante»; y no obstante, yo permanezco separado y sin que me afecte. Me siento como si fuera un ser invisible en la habitación, observando a alguien que se queja de algo que para mí carece totalmente de importancia. Esta sensación también se extiende a experiencias de tensión personal, como fechas límites del trabajo o presiones financieras. He sido testigo de mi ego que habla y habla sobre cómo no puedo terminar un trabajo a tiempo. Cuando estoy alineado con mi yo verdadero, el observador, me percato del estrés que experimenta mi ego, pero tampoco me afecta. Pienso «Eso es mi ego que está nervioso por sentir la desaprobación de decepcionar a un cliente, al tardarme más de lo que anticipé de inicio».

Cuando se está alineado con el yo verdadero, se logra ser inmune a los comportamientos de otras personas. Si percibimos que alguien está actuando de manera inadecuada con nosotros, esa sensación proviene de un juicio del ego. Desde la perspectiva del observador, nos encontramos observando el ego de esa persona que se queja y se lamenta, mientras nosotros escuchamos en silencio y sin reaccionar.

Cuando decidimos que la mente entrenada participe en una actividad, estamos evocando esta alineación con el observador. El ego es subjetivo. Juzga todo, incluso a sí mismo, y nunca está satisfecho con el sitio donde está, lo que tiene o lo que ha logrado. El observador es objetivo y está siempre en el momento presente. No juzga nada como bueno o malo.

Simplemente ve las circunstancias o acciones como algo que «es». En otras palabras, la circunstancia «simplemente es». Por lo tanto, el observador siempre está experimentando tranquilidad y ecuanimidad.

Ya sea que vayamos a una entrevista de trabajo, o estemos intentando desarrollar más paciencia al lidiar con una persona o situación difícil, o aprendiendo un arte, la alineación con el observador equivale al éxito, y a liberarnos de la tensión. Esta alineación nos asegura un punto de vista objetivo y sin expectativas. Sin embargo, contradice la mentalidad controlada por el ego donde se debe ser «el mejor» y se opone a los pensamientos como «a nadie le importa quién llega en segundo lugar» y «lo quiero todo».

¿Existe alguien que no esté agotado de correr lo más rápido posible para alcanzar ese ideal que, en el fondo de nuestro corazón, sabemos que no existe? Cuando un amigo o pariente no logra algo que consideraba una meta importante, lo consolamos con una sabiduría desapegada que no aplicamos a nosotros mismos. La alineación con el observador nos permite aplicar esa sabiduría desapegada a nosotros mismos; nos brinda la oportunidad de no juzgar y por tanto de permanecer ecuánimes.

¿Cómo nos alineamos con el observador? ¿Cómo nos liberamos de los confines de nuestro ego? Aunque ciertamente hay varias formas de lograrlo, el método más efectivo para lograr esta alineación de modo espontáneo, y sin esfuerzo, es la meditación. A través de la meditación, la conciencia se eleva por sí sola con el tiempo. La práctica de la meditación nos hace más conscientes del observador silencioso de nuestro interior. Si se hace un esfuerzo, es posible darse cuenta de que la meditación es un proceso para acallar la mente y el apego al mundo exterior, al adentrarnos profundamente en nosotros mismos.

La meditación no es una religión. Sin embargo, forma parte de virtualmente todas las religiones más difundidas. A lo largo del tiempo, la mayoría de las religiones principales ha tenido una historia de procesos contemplativos, que profundizan en la conciencia del individuo acerca de la fuerza divina, o como cada quien decida llamarla. La meditación no tiene nada de intimidante. De hecho, lo más probable es que al practicarla, pronto se vuelva una de las partes más anticipadas del día, por la sensación de calma y claridad con que nos deja.

Se puede aprender a meditar a cualquier edad, independientemente de la condición física. Yo lo llevo haciendo por más de treinta años, y empecé sin saber prácticamente nada. Al principio, más o menos me fui orientando con los materiales de lectura que elegí, y con clases. Después, estudié en entornos más estructurados y con personas más experimentadas. Los beneficios de la meditación no se pueden describir, se deben experimentar. Lo recomiendo para todos. Hay muchos libros y grabaciones disponibles para el principiante interesado (en *www.thepracticingmind.com*, ahí se pueden encontrar los recursos que he dispuesto, para este propósito).

Con o sin meditación, es necesario trabajar de manera consciente en el cambio de alineación con el observador. Un método adjunto efectivo a la meditación que uso para este propósito es algo que llamo HOC, que son las siglas de «Hacer, Observar, Corregir». Esta técnica puede aplicarse a cualquier actividad, en la cual participe la mente dispuesta a ser entrenada, pero debido a que HOC es la manera más fácil de entender cuando se aplica a una actividad física como un deporte, empezaremos por ahí.

Una vez leí una entrevista con el entrenador del equipo olímpico de arquería, de los Estados Unidos. Comentaba, que el mayor problema al que se había enfrentado al entrenar al equipo estadounidense, era que estaban obsesionados con sus marcas o con el resultado de sus tiros. Era como si estuvieran tensando el arco y liberando la flecha solamente para dar en el blanco, y alcanzar una buena puntuación. Esto contrastaba con los equipos asiáticos que, al haber crecido en culturas diferentes, estaban inmersos en el proceso de ejecutar adecuadamente la técnica que llevaba al tiro. El sitio donde se clavara la flecha en el blanco carecía casi de importancia, comparado con realizar correctamente el movimiento de tensar el arco y liberar el tiro. Veían el resultado casi con indiferencia desapegada. Para ellos, la meta deseada era casi el resultado natural de darle prioridad a la técnica adecuada de tensar el arco. Operaban desde un paradigma completamente distinto y, debido a eso, eran muy difíciles de vencer.

Lo que me interesa transmitir con esta historia, es que los arqueros asiáticos estaban funcionando en el proceso HOC. Tensaban el arco, liberaban la flecha, observaban el resultado y luego hacían las correcciones para su siguiente tiro. Hacían, Observaban y Corregían. No intervenía ninguna emoción en esto. No había juicios. Era un proceso sencillo y libre de tensión y no se puede discutir su técnica porque, durante muchos años, dominaron en este deporte.

Sin embargo, en la mayoría de los eventos deportivos en Estados Unidos, se puede ver que nadie se está divirtiendo a menos que vaya ganando. La victoria es lo único en lo que nos enfocamos. La mente de los jugadores está llena de juicios sobre dónde están en relación con la competencia, y todos experimentan las emociones producidas por esa actividad mental. Las mentes de los arqueros asiáticos estaban silenciosas, sin complicaciones y libres de este barullo mental. La ironía era que, al comparar a los estadounidenses orientados a los resultados con los asiáticos, los segundos iban ganando. Ahora, los psicólogos del deporte de los Estados Unidos le están enseñando a nuestros atletas a pensar en una línea similar.

Esta técnica de HOC puede y logra funcionar en el fondo, y de manera muy natural en ocasiones. Si se le dan a un basquetbolista diez tiros desde cualquier parte de la cancha, tirará hacia el objetivo y luego observará cómo se desarrolla. Por último, hará las correcciones con base en lo que observe. El HOC sucede en el fondo, sin esfuerzo. Al igual que el jugador, queremos que el HOC sea parte natural de cómo interpretamos la vida.

Si, por ejemplo, te das cuenta que tiendes a preocuparte demasiado, entonces intenta aplicar el HOC a tus acciones. Cuando te percates de que estás ansioso por algo, ya lograste cumplir la parte de hacer. Ahora observa el comportamiento que quieres modificar. Cuando te observas preocupándote, te separas del acto de preocuparte. Ahora hay que darse cuenta, que las emociones experimentadas no tienen ningún efecto en el problema que provoca la preocupación. Liberarse de las emociones de la mejor manera posible es la parte de corregir. Ahora hay que ver el problema como un observador.

Si te das cuenta de que estás volviendo a caer en las preocupaciones, empieza el ciclo de nuevo. Solamente Haz, Observa y Corrige. Eso es todo lo que hay que hacer. No hay nada más, no hay emociones negativas o juicios. Es agotador al principio. Recuerda, estás rompiendo un hábito indeseado sobre cómo manejas los problemas. El viejo hábito dedica la mayor parte de la energía a la preocupación, y muy poca a resolver el problema. En poco tiempo, el nuevo hábito de HOC será parte natural de la manera en que funcionas. Estás tirando flechas al blanco: «Ups, fallé en esa por apuntar demasiado hacia la izquierda, es todo. Tiraré más a la derecha». Es una especie de juego y no le permitirás al villano de las emociones que participe. Pronto el placer que experimentes por mantenerte en el momento presente hará irrelevante si das justo en el blanco o no.

No se debe confundir, evaluar algo con juzgarlo. La evaluación precede a la acción de juzgar. No se puede juzgar algo si no se ha evaluado primero. El proceso de HOC se puede detener después de evaluar u observar, antes de que los pensamientos empiecen a juzgar. Esto es lo que se hace con el proceso HOC. La observación es el punto en el cual se evalúa el proceso. ¿Se está acercando la meta? ¿No? Entonces de inmediato se pasa a la corrección, y se evita el juicio porque carece de valor alguno en este asunto.

Conforme te vayas acostumbrando a usar esta técnica, tu capacidad de desapegarte del contenido emocional de una situación se fortalece. Se vuelve más sencillo aplicar este principio a circunstancias más abstractas, como encuentros personales con personas difíciles o momentos complicados. Al principio, deberás depender de tu fortaleza interior, y tu determinación, para separarte de una circunstancia lo suficiente, para poder aplicar los principios de HOC. Tras ese instante inicial, el juego empieza. Yo acostumbro empezar recordando una línea de la primera película de Star Wars: La flotilla imperial empieza a disparar a Luke, Leia y los demás. Ante unas probabilidades muy desventajosas, Han Solo dice: «Aquí empieza la diversión». Una línea como esta es una gran manera de interrumpir el movimiento inercial de las emociones, cuando alguien se porta difícil o ante un reto personal.

Se trata en verdad del momento en que empieza la diversión, porque no hay nada más satisfactorio que acallar la voz irritante del ego asustado o insultado. En esos momentos, nos damos cuenta de que realmente estamos separado, de esa voz enojada o asustada; y que en verdad, somos el capitán de nuestro propio barco y tripulación. Con el tiempo, este proceso se volverá más sencillo. Al igual que con cualquier cosa que se practique, irá aumentando la habilidad. La práctica permitirá la alineación con el observador interior, y el tiempo empieza a hacerse más lento durante estos incidentes. Puedes verlos acercarse en vez de encontrártelos repentinamente sobre ti. El reflejo de alejarse de las reacciones emocionales, a las que estamos tan acostumbrados, se convierte en un hábito intuitivo.

En una ocasión, me comprometí a un importante proyecto de restauración de un piano que el cliente canceló a última hora. Habíamos discutido el trabajo con varios meses de anticipación, y habíamos acordado unas fechas que se ajustaban bien a nuestros horarios. Unas ocho semanas antes de iniciar el trabajo, ya había apartado las semanas que necesitaría para realizarlo. Unos días antes de empezar, cuando se suponía que debía recoger el piano, el cliente me avisó que había cambiado de parecer y no iba a necesitar mis servicios. Por lo general, la gente que no es autoempleada no está familiarizada con la situación a la cual me enfrenté entonces: si no estás trabajando, no ingresa dinero. Esto es particularmente cierto en los negocios de prestación de servicios, donde se opera en un formato de «trabajo a destajo». Si hay cinco clientes programados en el día, y cada uno debe pagar cincuenta dólares, las ganancias empezarán a disolverse muy rápidamente si dos de esos clientes cancelan. Incluso si los clientes se disculpan y reprograman la cita, los ingresos semanales disminuyen, y no se puede hacer nada para evitarlo. Esta situación, que incluía la reconstrucción parcial de un gran piano antiguo, fue extrema. Era un miércoles y a partir del siguiente lunes no tenía trabajo programado por dos semanas. Además, esto reducía mi ingreso programado por varios miles de dólares. No fue un buen momento. De inmediato, mi ego se echó a andar aceleradamente, encendió la máquina de la ansiedad y empezó a protestar por la injusticia de la situación. Aquí, fue cuando la diversión empezó.

Lo primero que hice fue dar un paso atrás, y alinearme con el observador. Entonces, definí mi ciclo HOC para esta situación en particular. Como había estado trabajando con la estrategia HOC por un tiempo, colgué el teléfono con una actitud deliberada y desapegada. Anticipé el inicio de la retahíla de enojo y frustración del ego; la podía ver venir antes de que llegara.

Mi ciclo era así: cuando la ansiedad empezaba a brotar, observaba la situación y la evaluaba. Me di cuenta de que la sensación de injusticia de mi ego, era solamente un juicio y lo hacía por miedo a perder ingresos. También me di cuenta de que la situación era «como era» y su valor, bueno o malo, era simplemente una interpretación que podía elegir aceptar o ignorar. Lo corregí eligiendo ignorar la percepción de mi ego de esta situación como buena o mala, justa o injusta. Me dije a mí mismo que la situación era meramente parte del ir y venir de la energía financiera que ingresaba y fluía por mi vida.

Algunos trabajos los conseguiría, otros no, y los trabajos que obtuviera serían satisfactorios porque los podría comparar con otros trabajos, como este, que no había recibido. Me concentré en mantenerme imparcial, y en lidiar con la situación de una manera desapegada, a pesar de la fuerza de las protestas del diálogo interno de mi ego: «¡Pero no es justo! ¡Pero esto está mal!». Observé esto como una mera distracción. Aceptaría la situación como era, no como mi ego quería que fuera.

En esta situación, el ciclo HOC estaba compuesto por mi participación consciente en todo el proceso: vi el enojo y la frustración acercarse, observé mi diálogo interno de manera desapegada y corregí mi reacción a este diálogo. Cuando completé el ciclo HOC de esta manera, la ansiedad cedió y el diálogo interno se acalló. Al principio, las emociones regresaban en quince minutos y si empezaba a dejarme inundar por la ansiedad, me prescribía una corrección para el siguiente ciclo. No juzgué mi desempeño de esta manera como bueno ni malo.

Mantener la perspectiva de observador imparcial es lo que haría si estuviera aconsejando a un amigo, que pasara por una situación similar. Lo que estaba intentando lograr era mantenerme consciente de que podía elegir cómo reaccionar ante mis sentimientos. Mi meta era no caer víctima de la respuesta condicionada de mi personalidad. De manera consciente, quería formar el hábito de desapegarme y así usar el privilegio de la conciencia de elección. Los periodos en los que regresaba la ansiedad fueron disminuyendo en frecuencia, y se hicieron menos intensos conforme perseveraba en el ciclo HOC. Para inicios de la siguiente semana, ya no estaban. Consideré esto importante porque hubo una época en mi vida en la cual la desaparición de un empleo me hubiera angustiado por semanas, y la preocupación hubiera afectado realmente la calidad de mi vida.

En realidad, este contratiempo no hubiera cambiado mi estilo de vida, sin importar cuánto mi ego insistiera en lo contrario. Mi verdadero yo lo sabía. El ingreso hubiera sido agradable, pero en realidad no lo necesitaba para mantener a mi familia. Toda la situación era un inconveniente, más que cualquier otra cosa.

Durante el resto de la semana, me concentré exclusivamente en solucionar el problema. Para el lunes, había llenado esas dos semanas con trabajo; e incluso, me sobró un poco de tiempo para continuar escribiendo este libro. En retrospectiva, la pérdida simplificó mi vida, porque me permitió balancear el flujo de un horario demasiado cargado. La experiencia aumentó mi conocimiento del valor del HOC, y cómo convierte la vida en una aventura.

He utilizado el HOC en todo tipo de situaciones difíciles. Si alguien me habla en mal tono porque está teniendo un mal día, mi respuesta interna es «Aquí empieza la diversión. Vamos». Como dije, sin embargo, no es mi meta mantenerme perfectamente desapegado, y sin reaccionar ante el comportamiento de los demás ni a los altibajos de la vida. Eso sería contraproducente porque estaría sustituyendo un tipo de tensión por otro. Mi meta es mantenerme en el proceso de practicar HOC, y estar lo suficientemente consciente de mis monólogos internos, como para tener ocasión de utilizar el HOC.

Debemos recordar que, al empezar a trabajar con nuestra voluntad consciente, para aprender a lidiar con situaciones difíciles, hay que empezar por intervalos cortos, al menos al principio. De otra manera, el cansancio y la frustración posterior representarán un peligro.

Si, por ejemplo, decidieras empezar a correr, no empezarías corriendo un maratón el primer día. Adquirir la energía y la resistencia necesarias, para soportar los rigores de una carrera de esta magnitud toma tiempo y sesiones de práctica. De la misma manera, la energía necesaria para el autocontrol es un proceso, en el que se debe trabajar diariamente. Hay que iniciar con sesiones cortas y hacer tiempo para descansar. Al estar consciente de estar intentando, se está en el momento presente y ya se lleva la ventaja, independientemente del lugar en que se esté en relación con las metas personales. Las metas siempre se estarán alejando. Esta es la manera en que evolucionamos.

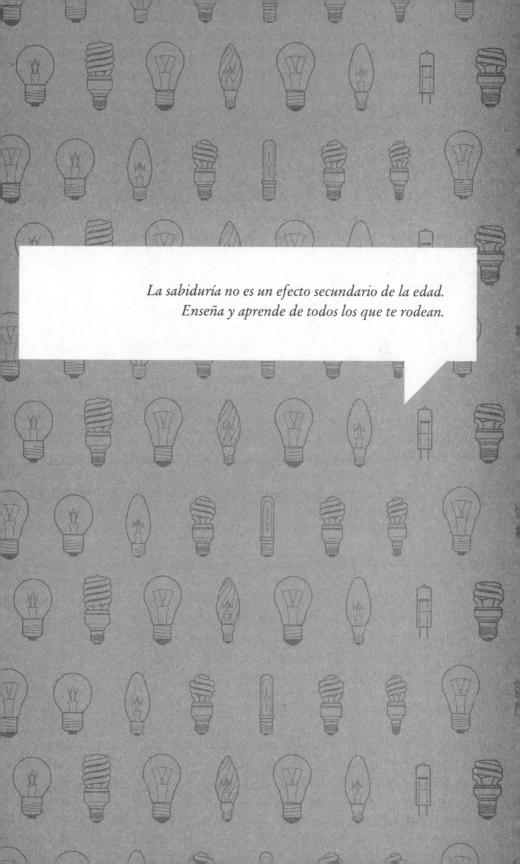

La sabiduría no es un efecto secundario de la edad.
Enseña y aprende de todos los que te rodean.

CAPÍTULO 8

Enseña y aprende de los niños

Si tienes hijos, es natural que quieras transmitirles lo que has aprendido de tus luchas y tus triunfos. Hacemos esto, en un esfuerzo por evitar que nuestros hijos repitan los procesos de aprendizaje que nosotros tuvimos que atravesar. Irónicamente, en realidad, los niños están en cierta forma adelantados a los adultos, con respecto a la forma en que procesan sus vidas y se involucran en ejercitar su mente. Tenemos mucho que ofrecerles, pero también tenemos mucho que aprender de ellos.

Cuando he intentado transmitirles conocimientos reales a mis propias hijas, me he percatado de que no es una tarea sencilla. Esto se debe a que existe una gran diferencia entre las perspectivas de la vida de los niños y de los adultos. Y en verdad quiero decir perspectivas, no prioridades. No creo que seamos tan distintos como podríamos pensar en el último aspecto. Los niños básicamente buscan una sensación de seguridad, quieren tener mucho tiempo libre y experiencias que sean divertidas y sin tensiones. ¿Los adultos queremos algo diferente?

Sin embargo, sí diferimos en algunas áreas, como nuestros conceptos del tiempo. Cuando era niño, sentía que los días de escuela eran eternos. Las vacaciones de verano parecían durar años. El tiempo se movía muy lentamente. Si le digo a mis hijas que iremos a un sitio especial en una semana, se quejan por tener que esperar tanto tiempo. Mientras tanto, yo estoy deseando que la siguiente semana se recorra al próximo mes, para tener tiempo de completar todo mi trabajo antes de que llegue la fecha. Si les digo que hagan su tarea antes de ver televisión o de jugar en la computadora, protestan por la media hora de tarea que les tomará una eternidad.

Como adultos, por lo general sentimos que la vida pasa demasiado rápido. Sentimos que hay demasiado que hacer en muy poco tiempo, y la mayoría de nosotros añoramos la simplicidad de nuestros días de escuela. Al ir envejeciendo, el tiempo parece pasar más rápido. Las estaciones y los años se sienten como si pasaran volando. El tiempo entre los diez y los veinte años nos parece que duró un siglo. Sin embargo, el tiempo entre, digamos, los treinta y los cuarenta, se siente como si fueran dos o tres años. No estoy realmente seguro de por qué ocurre este fenómeno, pero nunca he conocido un adulto que no lo experimente. Puede ser porque cuando se es niño, idealmente, todavía se es inconsciente sobre mucho del sufrimiento del mundo que sí percibimos como adultos. La vida de un niño no tiene la sensación de urgencia, que sí tendrá en los años adultos.

La percepción del tiempo es parte integral de la diferencia entre adultos y niños. En general, los niños no parecen tener una preocupación de hacia dónde van en la vida. Hay el hoy, y eso es todo. Viven en el momento, aunque realmente no lo hagan por elección, simplemente así son ellos. Aquí existe una paradoja. Lo que resulta frustrante, como adulto, al enseñarles a mantenerse en el presente, cuando hacen algo que requiere perseverancia, es que los niños no entienden el propósito. ¿Por qué trabajar en algo que requiere un compromiso a largo plazo, en una percepción del tiempo que está fuera del momento presente? Lo único que conocen es su perspectiva como niños. No tienen un concepto del futuro. No entienden cómo la disciplina y el esfuerzo pueden darles grandes dividendos a lo largo del tiempo, pero nosotros sí. A esta paradoja se suman nuestras fuerzas y debilidades, y las suyas, simultáneamente.

Consideremos una actividad como las lecciones de piano. Muchos niños no alcanzan a ver el propósito de practicar, porque no entienden el concepto de poder tocar bien, y el placer que esto les brindaría. Por eso ellos se impacientan. ¿Para qué hacerlo? Los adultos, sin embargo, sí poseen una comprensión del propósito de practicar, y nuestra impaciencia proviene precisamente de la razón opuesta. Tenemos un concepto de lo que sería tocar bien, y por esa razón nos impacientamos. No podemos tocar tan bien como queremos, tan pronto como quisiéramos. Así que, como adultos, debemos intentar apreciar la naturaleza libre que se les da de manera natural a los niños, que viven por y para el presente. Debemos intentar ayudar a los niños a que no pierdan esta naturaleza, a pesar de que crecen en un mundo que constantemente intenta eliminarla.

En este libro he estado intentando establecer cuál es mi razón para trabajar. Aumenta mi nivel de control sobre la vida, y me permite elegir un camino que esté lleno de más positivos que negativos. Me hace vivir en el presente, y me da felicidad y paz en lo que hago, en el momento. Me hace consciente de que yo soy quien elige, y me da un poder: el privilegio de ser capaz de elegir.

Confieso que enseñar a mis hijas sobre las razones para practicar es un proceso de aprendizaje que estoy muy lejos de completar. Ninguno de nosotros aprende nada si no es a través de la experiencia directa. Por eso, intentaré enseñar a mis hijas de dos maneras. En primer lugar, les recuerdo de su pasado. Tal vez no sepan dónde van, pero sí saben dónde han estado. Puedo hablar sobre algún acontecimiento problemático o un triunfo en sus vidas, y ayudarles a entender qué elementos usaron en esa situación para que la interpretaran así. Esto les ayuda a cambiar a una alineación con su propio observador interno. En segundo, mantengo en mente que ellas están más receptivas a esta conversación, cuando no están abrumadas por las emociones del incidente en particular. A veces, intento hablar con ellas cuando vamos a solas en el coche, cuando no se interrumpirán sus procesos de pensamiento por distracciones externas como la televisión o el teléfono. Empiezo la conversación con algo como «Oye, ¿recuerdas que la semana pasada te sentiste mal por lo que pasó en la escuela?». Tal vez les pregunte cómo se sienten sobre eso ahora. Esto me da la oportunidad de que se hagan conscientes, de cómo sus emociones afectan su percepción de los acontecimientos. Al retrasar la discusión de un incidente por varios días o incluso una semana después de que sucede, les doy oportunidad de alcanzar una perspectiva más desapegada, y yo me doy la oportunidad de decidir cuál es la mejor manera de manejar la discusión.

Hace algún tiempo, los palos saltarines se pusieron de moda y mi hija mayor recibió uno de regalo. En poco tiempo, logró hacerse muy buena en este juego y no podíamos bajarla de la cosa. Mientras tanto, mi hija menor recibió un certificado de regalo para la tienda de juguetes en su cumpleaños. Cuando la llevé a la tienda para que comprara algo, decidió que quería su propio palo saltarín. Bien, para este momento, el departamento de mercadotecnia del fabricante ya había entrado en acción, y estaban fabricando unos palos saltarines que se veían muy lindos, con muchas partes adicionales de plástico, pero que en realidad eran exactamente los mismos. Cuando regresamos a casa... no es difícil adivinar lo que sucedió. Mi hija mayor protestó que el suyo era muy sencillo y nada emocionante comparado con el nuevo de su hermana. Aunque ambos palos saltarines proporcionaban la misma experiencia cuando estaban brincando, mi hija mayor sentía que algo le faltaba.

Narraré cómo resolví la situación de una manera que, a mi parecer, dejaría una huella perdurable en mi hija mayor. Le dije que se diera dos semanas para que se le pasara el deseo de tener un palo saltarín nuevo, como el que su hermana acababa de comprar. Le dije «Puedes cambiar con ella a veces, si ella acepta, y seguir brincando las siguientes dos semanas». Le dije que probablemente parecía difícil de creer, pero que los sentimientos que ella estaba experimentando en ese momento eran simplemente emociones temporales. También le dije: «Si, al final de ese tiempo, todavía sientes que de verdad necesitas tener un palo saltarín como el de ella, te compraré uno en recompensa a tu paciencia».

Sabía que este era otro caso de gratificación instantánea que nunca proporciona placer duradero, y quería que a ella se le pasara la emoción del momento. Aproximadamente una semana después, ambas se habían cansado ya de brincar en sus palos saltarines. Los dos juguetes fueron jubilados a la cochera. Después del tiempo asignado, mientras íbamos en el auto, le recordé a mi hija mayor sobre nuestro acuerdo, y le pregunté si todavía quería el nuevo palo saltarín. Me agradeció y me dijo: «No, tenías razón. En realidad ya no me importa». Sabía que en cierto nivel esta lección se quedaría con ella para siempre.

Otra manera de transmitir estos conceptos a los niños, es enseñarlos con nuestras propias acciones. Cuando recuerdo el comportamiento de muchos adultos durante mi niñez, había muchas situaciones donde éste era inadecuado. No podemos controlar el comportamiento de todos los adultos con quienes nuestros hijos tratan durante el día, pero es nuestro comportamiento el que los impacta más. El comportamiento de un padre les ayuda a los niños a construir una sensación de lo que funciona y lo que no. Las acciones definitivamente dicen mucho más que las palabras. Cuando tengo un día difícil en el trabajo, platico sobre la situación con mis hijas cuando siento que están listas para absorber estos conocimientos, sobre cómo lidiar con situaciones difíciles. Si estoy tenso, tal vez se los hago saber, para que vean cómo manejo la situación usando una mente entrenada. Nuestros hijos siempre nos están observando. Tal vez no lo estén haciendo de manera consciente, pero de todas formas nos observan. He visto mis mejores cualidades y mis peores defectos en mis hijas. Por este motivo, intento ser consciente de lo que les enseño, en silencio, y hacer que valga la pena.

Muchos adultos cometen el error de pensar que debido a que alguien es más joven que ellos, es imposible aprender algo de esa persona. Esto es un punto de vista tanto egoísta como inseguro. Me recuerda mi comentario previo sobre cómo estamos tan convencidos de que, como vivimos en una etapa más avanzada de la historia, de alguna manera debemos ser más evolucionados que las personas que vivieron en un pasado distante. Me he encontrado con muchos jóvenes, incluso niños, que son más maduros y mejores pensadores que algunos adultos que conozco. Los niños de hoy están lidiando con muchas más cosas, que lo que algunos adultos tuvieron que lidiar cuando eran niños. Se les está introduciendo más y más información en la cabeza, a edades más tempranas. Por ejemplo, mis hijas están haciendo matemáticas (álgebra), muchos años antes de lo que yo lo vi cuando iba a la escuela. Por otra parte, escuchar los puntos de vista de los niños puede ser un recurso muy esclarecedor, porque tienden a ser más honestos y abiertos sobre lo que sienten.

En una época, mi hija menor participó en gimnasia competitiva. Como padres, siempre pensamos que estas actividades deben ser divertidas para nuestros hijos, y no una fuente adicional de presión. Sin embargo, al ir progresando en los niveles competitivos, las exigencias al cuerpo y tiempo de mi hija aumentaron considerablemente. Tres veces por semana llegaba de la escuela, y tenía a duras penas una hora para descansar. Después, empezaba a hacer su tarea y comía algo. Luego se iba al gimnasio hasta las 9 de la noche, y llegaba a casa como media hora más tarde. Cenaba, y a veces tenía que hacer otras cosas de la escuela hasta casi las 11 de la noche, para luego irse a dormir. Debía despertar a las 6:15 a.m., con cuarenta y cinco minutos para alistarse para la escuela, e iniciar nuevamente el ciclo. Todo esto a la edad de doce años. A mí me daba la sensación de que era demasiado, pero al principio ella sentía que eso era lo que quería. Pasaron varios meses y un día me confesó que le parecía ya nunca tener tiempo para simplemente «no hacer nada». Me dijo: «Lo único que hago es correr de una cosa a la siguiente. Nunca tengo tiempo para detenerme».

Esos momentos proporcionan la oportunidad perfecta para enseñar y aprender de nuestros hijos. Hay que escuchar lo que están observando sobre cómo viven sus vidas. Al hablar con ellos sobre las prioridades reales, de las buenas perspectivas, y al enseñarles a entrenar sus mentes, también se está repasando la lección para uno mismo. ¿Seguimos los mismos consejos que le damos a nuestros hijos? ¿Les enseñamos que tenemos las mismas prioridades? En más de una ocasión, cuando tengo una carga pesada de trabajo, he hablado con mis hijas sobre la importancia de buscar el equilibrio en la vida, y cómo a veces las prioridades deben reajustarse para mantener ese equilibrio. Los niños tienen mucho que ofrecer porque, podemos aprender de ellos si nos escuchamos a nosotros mismos mientras les estamos enseñando.

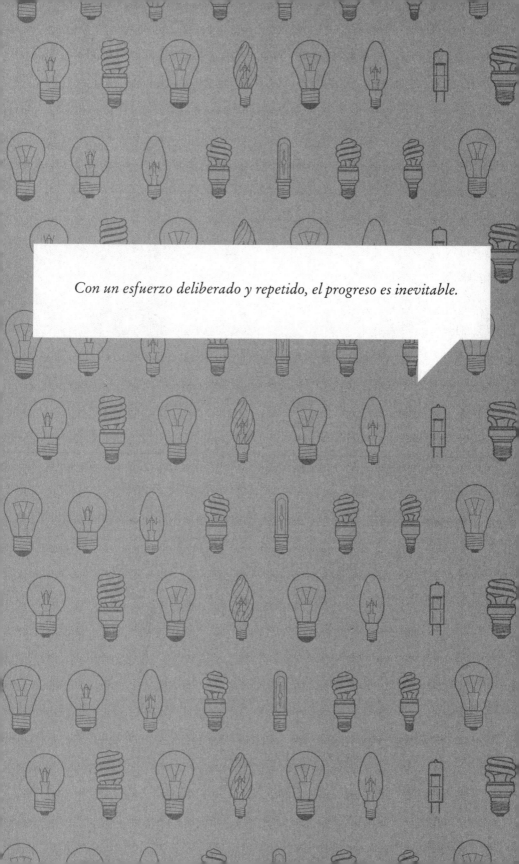

Con un esfuerzo deliberado y repetido, el progreso es inevitable.

CAPÍTULO 9

Nuestras habilidades
están aumentando

En cada momento de nuestra vida, nuestras habilidades van en aumento. La pregunta es: ¿en qué dirección? Lo que he presentado en este libro dista mucho de ser conocimiento nuevo. Tiene siglos de antigüedad, y cada generación lo debe reaprender. Al entender cómo funcionamos y mantener la armonía con este conocimiento, experimentamos una sensación de control que nos permite relajarnos, y disfrutar la experiencia de la vida que fluye plácidamente a través de nosotros.

Este conocimiento nos exige permanecer en el presente, lo cual le brinda conciencia a todo lo que hacemos. Esta conciencia, a su vez, nos brinda la oportunidad de controlar las decisiones que tomamos. Nos enseña a permanecer enfocados en el proceso, y a utilizar nuestras metas como las estrellas que guían nuestro camino. Cuando nuestra meta real es mantenernos enfocados en el proceso, experimentamos una sensación de éxito en cada momento. Incluso cuando sentimos que nos hemos desviado del propósito del proceso, el hecho de que estemos conscientes de habernos descarrilado significa que hemos regresado al momento presente. Significa que, en esta conciencia, hemos avanzado mucho hacia la integración, en nuestras vidas, de los conceptos de la mente entrenada.

Armados con este conocimiento, vivimos cada momento a su máximo, y experimentamos la vida de manera directa en vez de indirecta. Cuando estamos en el momento presente, experimentamos la vida según sucede y como realmente es, en vez de percibirla a través de los filtros de la anticipación (como cuando pensamos sobre el futuro) o de los filtros del análisis (cuando nos quedamos en el pasado). La mayoría de nosotros pasa muy poco tiempo en el momento presente. Por lo general, estamos pensando sobre algo que todavía no ocurre (y que tal vez nunca ocurra) o reviviendo algo que ya sucedió. Desperdiciamos la oportunidad que cada momento nos ofrece, de vivir lo real por estar concentrados en lo que no lo es.

Se han propuesto aquí varias técnicas que contribuirán a desarrollar habilidades de mente presente, y que ayudarán en lo posible a simplificar el trabajo necesario para desarrollar esta mentalidad. Al ir poniendo en práctica estas técnicas en distintos ámbitos de la vida, sin duda surgirán momentos de frustración. No obstante, estos son tan solo el resultado de poseer ideales imaginarios, sobre qué tan rápido se debe dominar la nueva habilidad que se esté cultivando. Casi todos los aspectos de nuestra cultura se dedican a enseñarnos esta mentalidad limitante, desde el sistema educativo, con sus calificaciones, hasta las estrategias de mercadotecnia, con sus ideales inalcanzables. Todos quieren ser el número uno, tener lo mejor y ser un estudiante de puros dieces. Esta mentalidad puede desaprenderse, y debemos aceptar este reto si hemos de alcanzar la felicidad real en la vida. Debemos recordar que este marco mental no es más que un hábito. A través de nuestros esfuerzos, es posible lograr que la mente presente se convierta en un nuevo hábito, uno que es mucho más conducente a nuestro bienestar general. En cada momento de nuestras vidas, estamos haciendo y reforzando hábitos. Nuestras reacciones a la gente o las circunstancias no son más que hábitos. Cuando nuestras mentes entrenadas y presentes nos revelan esta verdad, adquirimos el poder de elegir cuáles rasgos manifestaremos en nuestras personalidades. Ahora es el momento de iniciar.

Para terminar, me gustaría agregar esto: En sus inicios, todas las culturas invierten la totalidad de su energía y recursos tan solo en subsistir. Si una cultura sobrevive a su infancia, su gente eventualmente supera la situación en la cual deben dedicar todo su tiempo simplemente a mantenerse con vida. Llega el momento, en que pueden considerar qué van a cenar en lugar de preguntarse si van a cenar. Sus días cuentan con un poco más de tiempo libre. En este momento, las sociedades se enfrentan a una disyuntiva. Llevamos mucho tiempo en esta posición. En uno de los caminos, se puede pasar al menos parte de este tiempo libre dedicándose a la expansión de la conciencia espiritual, y el conocimiento del verdadero ser. El otro camino se aleja de esta verdad, sumiéndonos en un ciclo interminable de autoindulgencia sin propósito que, en el fondo, intenta llenar el vacío espiritual que muchos de nosotros experimentamos en nuestras vidas. Desafortunadamente, la puntuación espiritual de todas estas grandes culturas que han existido (y, lo más importante, que han desaparecido) no es muy buena. Podemos y debemos aprender de esta verdad histórica.

Si prestamos atención a la mayoría de las cosas que consideramos prioridades en la vida cotidiana, podremos notar que, en tiempos de crisis personal, estas cosas se vuelven insignificantes. Y en estos momentos, por contraste, las cosas que generalmente no gozan de nuestra atención, se convierten en algo vital. Nuestra salud y la salud de nuestra familia y amigos, además de quién, o de qué, consideremos como la fuerza creativa, se convierten en nuestras únicas prioridades. El golpe que le dimos al carro, y el presupuesto limitado del mes pasado se vuelven preocupaciones triviales. Independientemente de las creencias religiosas de cada quien, espero que quede claro, que todo lo que posee una naturaleza espiritual en la vida permanecerá para siempre. Todo lo demás no lo hará. Casas, empleos y automóviles van y vienen; la persona, sin embargo, es eterna.

Con esto en mente, es interesante tomarse un tiempo regularmente para repasar todas las cosas adquiridas en la vida, desde la infancia. Será evidente que el juguete que lo representaba todo cuando niños ahora carece de significado, aunque pensar en adquirirlo nos consumiese en aquel entonces. Probablemente la dicha del recuerdo de ese juguete no sea el juguete en sí, sino la simplicidad de la vida de aquel entonces, una simplicidad que estaba basada en no saber, en el vivir en el momento presente. Al hacer un recuento de todas las «cosas» que hemos poseído a lo largo de los años, empezamos a notar que en realidad la mayoría de esas cosas no importan, ciertamente no las cosas materiales. Las cosas como un automóvil o los muebles pierden su importancia y valor con el paso del tiempo. Tal vez, incluso ya hayamos olvidado qué le vimos a muchas de esas cosas para empezar.

El momento en que nos damos cuenta de esto, es una buena ocasión para preguntarnos si se está repitiendo el proceso de esforzarse por conseguir cosas con la convicción de que pondrán fin a la sensación de angustia y vacío interiores. Llegamos a este mundo solamente con nuestro verdadero yo interior, y de la misma manera lo dejamos. Todo lo adquirido espiritualmente expande nuestro verdadero ser, y se vuelve parte de nosotros para siempre. Necesitamos bajarnos del tren de autodestrucción que corre por las vías de la gratificación instantánea. Todas las cosas de valor duradero y profundo requieren tiempo y alimento, y nos llegan solamente a través de nuestro propio esfuerzo.

La mayoría de nosotros estamos conscientes de esto en cierto nivel. Simplemente nos dejamos llevar por el flujo contradictorio de información que nos inunda todos los días. Es posible eliminar algo de esta distracción, eligiendo cuidadosamente nuestra exposición a los medios, ya sea televisión, música o material de lectura. Si no es enriquecedor, entonces no es necesario.

Lo más importante es convertir el desarrollo de la mente en una prioridad, ya que entonces el proceso de convertirnos será una aventura llena de paz, en vez de forcejeos. He dejado plasmado aquí lo que estoy aprendiendo en mi propia vida, y a través de mis propios esfuerzos. Espero que mis palabras sirvan de ayuda, al igual que quienes escribieron antes que yo me ayudaron con el registro de su aprendizaje. Es importante recordar que ninguna de estas verdades es nueva. Son lecciones eternas que hemos aprendido y reaprendido a lo largo de los siglos, gracias a aquellos que se han cuestionado, y han encontrado la paz en las respuestas. Aquí empieza la diversión.

ÍNDICE

AGRADECIMIENTOS   9

INTRODUCCIÓN   11

Cap. 1 | Comienza el aprendizaje   17

Cap. 2 | Proceso, no producto   33

Cap. 3 | Todo está en la forma de verlo   57

Cap. 4 | Crear los hábitos que deseamos   77

Cap. 5 | ¡El cambio de percepción crea paciencia!   89

Cap. 6 | Es simple, chico   107

Cap. 7 | Ecuanimidad y HOC   119

Cap. 8 | Enseña y aprende de los niños   137

Cap. 9 | Nuestras habilidades están aumentando   147

Ejercita tu mente,
desarrolla concentración y disciplina en tu vida
de Thomas M. Sterner
se terminó de imprimir y encuadernar en junio de 2013
en Quad/Graphics Querétaro, S.A. de C.V.
lote 37, fraccionamiento Agro-Industrial La Cruz
Villa del Marqués QT-76240